“丁字戦法”でめざせ10年後の経済的自由

株式会社日本財託 資産コンサルティング部
エグゼクティブマネージャー
田島浩作
Kousaku Tajima

アーク出版

1章 パチプロの稲垣さんが10年間でマンション10戸、借金ゼロ！

2章 昭和62年築のマンションが2戸の新築マンションに

3章 管理会社を取り替えてしまう男

カバー装丁／石田嘉弘
本文ＤＴＰ／丸山尚子

1章

パチプロの稲垣さんが
10年間でマンション10戸、
借金ゼロ!

1

この写真が稲垣良和さん。愛知県立安城高校を卒業後コンビニで3か月働き、1年間ブラブラしたあと、富山県の大手パチンコチェーン店に就職。1年で辞め上京。銀座のパチンコ店に半年勤めたのち、22才で神奈川県に移りパチンコで食いつなぐ。25才で警備会社に3か月働くものの薄給に嫌気がさし、その年の冬、一念奮起してパチプロになる。30才でわたくしの勤める会社の門を叩いたとき、たくさん貯金していた。実に立派である。

私はと言えば、埼玉県立熊谷高校を卒業するも大学受験にたびたび失敗。同い年の安倍総理大臣と同じ大学、学部、学科にやっと入学するものの、わたくしが入学したとき安倍総理はすでに卒業していた。

予備校で勉学に励まなければいけないはずなのに、あろうことかたくさんの友達ができてしまい、せっかく大学に入学した後も代々木ゼミナールに残っている何十人もの多年浪人の悪友（彼らも望みだけは高かった）から、英語と数学を教えてほしいと足を引っ張られ、休学届を出して予備校に戻ってしまう。

親からしたらとんでもない息子だ。永年の浪人生活で精も根も使い切ってしまい、とてもこれからさらに学業に専念する気力が残っていなかったのである。

大学に行くでもなく仕事に就くでもなく、30才近くまで自分の将来もなにも考えず青春を謳歌してしまったダメなアタシ。そのわたくしが53才になった時、30才の稲垣さんの大切なお金の運用を任され、10年間で10戸のワンルームマンションを作った。家賃収入40万円、借金ゼロ。この稲垣さんの奮闘と、株式会社日本財託資産コンサルティング部エグゼクティブマネージャー（長すぎて自分でもよく言えない）である、わたくし田島浩作の不動産投資の技のあれこれをこれからお目にかけたい。

2

平成20年北京オリンピックがあった年の、3月のとある肌寒い日の午後、稲垣さんは突然やって来た。

当時、当社は業界に先駆けて定期的に大型セミナーを開催しており、私は社長とともにセミナーの講師をつとめていた。48才で日本財託に入社して5年、日々充実しており、毎日毎日会社に来るのが楽しくて、後に60才で定年を迎えた時、全社員の皆さまの前で、私が述べたお礼の言葉は「日本財託は、わたくしのディズニーランドでした」。65才の今でも、その気持ちは変わらない。素敵なお客さま、愉快な会社の仲間に支えられて。

事務の女性がわたくしに声をかける。「茂木さんが応対したんですけど、やりたくないってブースから出てきてしまいました。田島部長お願いします」

いやな予感がした。周りを見渡したがほかには誰もいない。営業マンは私だけだ。

当社の門をくぐっていただいた以上どんなお客さまにも最善を尽くす、自らにそう言い聞かせつつブースに入った。入ってすぐわかった、なぜ茂木が出てきてしまったか。部屋の中が香っていたのである。よく言えば男の香り。さらに追い打ちの一言、「僕はパチプロです、ローンは通りますか？」

ここで茂木は出てきたのだろう。だが私もプロの資産コンサルタント、即答してしまった。「基本的には通りませんが、なにか方法はあるはずです」

あろうはずがない。しかしせっかく電車賃を使って来ていただいたお客さまを数分でお返しするのも忍びなかったのである。何とかしてあげたい、そう思いながら空しく時間だけが経ったとき、奇跡が起きた。

「僕は日本財託さんの本を読んでここに来ました。貯金がこれだけありますが、これで始められますか？」

通帳と銀行印を見せてくれた。そこには13,000,000と記帳されていた。これなら現金で買える。それくらいの金額の物件もあったが、全部使ってしまってもと思い、両国の890万円の物件を紹介した。

「ではこれを買います」「はい、ありがとうございます」

私の契約の最短記録だった。会ってから決済まで、わずか1時間足らずで終わってしまったのだ。こんなに早い契約は経験したことがなかった。なにせ1時間前までお互いに全く面識はなかったのである。その人がマンションも見ないで、いきなり890万円を投資してくれたのだ。

「こんなにすぐ買うのはおかしいですか?」稲垣さんが聞いてきた。

「いえ、そんなことはありません」

またウソをついてしまった。来た日に買う人は確かにいる。ただこんなに早いのは初めてだった。この人は私に全幅の信頼を寄せてくれている。わたしの中にひとつの想いが湧いてきた。この人を成功させたい、いや成功させる。1時間ほどで稲垣さんは去って行った。

ここで現金を不動産に換えて資産運用することが本当に得なのか考えてみよう。

たとえばマンションを買って貸せば、毎月家賃が取れる。いろいろなコストを引いて4％の収益が取れれば、普通預金よりは明らかに得だ。5％の定期預金があるとして税引き後で4％。でもそんな高利率な定期預金は今どこにもない。

実際、現金でマンションを買いにくる人は結構多い。預金より収益力はよいが、マイナス点は何なのだろう。

不動産の一番の弱点と言えば換金性の悪さだろう。買うのはすぐ買えるが、売ろうと思ってもすぐに売れない。特に地方の不動産ほどその傾向は強い。

あえて売ろうとすれば値段はどんどん下がっていく。買った金額で売れない。これが一番の問題。

逆に言えば不動産投資の絶対的な要件は「すぐ売れる不動産を買うこと」である。誰もが買いたいと思う不動産を買うことだ。

もう一つ大切なことは「入居者がすぐ決まること」。都心部一等地でもビルやファミリーマンションはなかなか入居者が決まらない。家賃が高すぎるからだ。一方、ワンルームマンションはすぐ借り手が決まる。

この二つのことをクリアできれば、不動産投資はいいものだ。

もう一つ押さえておきたいことがある。建物が古くなる分を計算しておくこと。

私が扱っている東京の中古ワンルームマンションで説明すると、築30年くらいの1000万円のマンションの内訳は、建物300万円の土地700万円くらいだ。このうち建物の価値は、これから30年くらいでゼロになる。これを計算することだ。それでも得だと思えば買って大丈夫。


ここで肝に銘じていただきたいことがある。買って家賃収入を取るのはいいが、売り買いで儲けようとしないことだ。

昭和30年代のような高度経済成長期なら、借金で不動産を買っておいても地価がドンドン上昇していった。池田隼人内閣の所得倍増計画などこれからの日本では夢のまた夢だ。

個人所得が上がらない以上、不動産価格だけ上がることは基本的にはない。

いまマンション価格が上がっているのは金融緩和政策で上がっているだけなので、政策が転換されると価格は下がる。借金だけで買っている人は、必ず売却してしまう。地価が下落すると債務超過になるからだ。


私は借金が好きではない。

日本財託に入社したのは48才の時だが、それまで6年しか働いたことがない。30才〜36才まで。30才までもとんでもない人生だったのであるが、36才から48才までさらに輪をかけたような人生が待っていた。

35才の時にバブルが崩壊し、独立して不動産業を営んでいた先輩や同僚はことごとく倒産していった。平成2年3月に銀行が総量規制を行ったのであるが、当時大手都市銀行の営業の方と一緒に仕事をしていた私は、彼から銀行の過剰融資の情報を聞いていた。バブル崩壊をその時点で確信していたのである。

私は撤退を決めた。ここで若き日の浪人生活が役に立ってくる。まるで働かなかった。

埼玉県行田市の実家に居候を決め込んだ。普通の人が持ち合わせている世間体という概念は、大学受験で木端微塵に吹き飛んでいる。親も呆れていたが、銀行、証券会社、大手スーパーが次々に倒産して行くと、母親から「お前は、さすがだね」などと逆にほめられたりしていた。

働かない人間にとって、借金することは実に怖い。それを私は、まっとうに働いている人に比べてよく知っている。ぐうたら人間の数少ない財産のひとつだ。

債務という言葉がある。人が責務を負うと書く。わかりやすい言葉で言えば奴隷だ。真の経済的自由とは、あらゆる債務から解放され、かつ生活に困らない状態でいられることだ。

借金をするという金銭債務から解放され、働くという労働債務からも解放され、そしてお金に不自由しない。私はいつもそんなことばかり考えている。

3

１件目を購入して２か月くらい経った風薫る季節に、稲垣さんはまたやってきた。パチンコの調子がよかったのだろう。５００万円以上の預金があった。

だがその金額で買えるマンションはない。普通のローンは使えない、使えるわけない。パチプロに融資する金融機関など聞いたことがない。

何かいい手はないかと考えた。

当時から私は政府系の金融機関をお客さまにすすめていた。固定の低金利だったからだ。

ほかの営業マンは使っていなかった。理由は10年返済で、かつ融資に２か月くらい時間を要したからである。しかし自己資金を６割出せれば、この借り方は非常に有効である。

稲垣さんの場合、最初にマンションを現金で買ったことにより「不動産賃貸業を開業した」ことになる。ならば可能性はある。ただ所得証明がなにもない。世間的には無職なのである。

やはりダメかと思っていたとき、また奇跡が起きた。ご両親が小学校の先生だったのである。

当時、連帯保証人がいれば、職についていない人でも融資が受けられた。固定低金利でお金が借りられる。2件目を購入することができた。1件目と同じ890万円の多摩川沿いのマンションを4割だけ金融機関から借りた。

ここでお金を借りて不動産を買うことが得かどうか考えてみよう。

レバレッジという言葉が流行っている。35年、40年でフルローンを組むのは得なのだろうか？　今は金利が安いので、フルローンを組めば家賃でローンが支払える。銀行という他人のお金でマンションを買い、入居者という他人のお金で月々の返済をする。一見すると、とてもうまいやり方に思える。実際それをやる人は多い。

でもわたしはあまり奨めていない。理由は簡単。35年間収入が入ってこないからだ。というか、入ってくるけどローンに消えてしまう。35年あきらかに得をするのは銀行だけだ。だから銀行は多くの人に融資する。

それに銀行から借りるお金は変動金利だ。もし金利が上昇したら家賃よりローンの支払いのほうが多くなってしまう。計算はできないのである。

ただ固定の低金利でお金が借りられるのであれば話は違う。たとえば頭金を6割入れて残りの4割を固定1%で借りた場合、10年でローンは終わってしまう。1000万円のマンションを600万円で買ってしまうのである。残りの400万円のローンは入居者に払ってもらう。これはあきらかに得だ。私はこの借り方を10年以上前からお客さまに奨めている。

若き日に時間を浪費してきた私がこんなことを言うのもなんだが、人生で一番大切なものは時間である。短時間でいかに収入を作っていくか、これが大事だ。

資産ができても、ローンがあったら手元にはなにも残らない。ローンを組んで指をくわえて見ているだけではダメなのである。毎月手元にお金が入ってくるから楽しいのだ。

「不動産投資とは何ですか？」と人に問われたら、私は明快に答えることができる。不動産投資とは「打出の小槌」を作ることだ。シャンと小槌を振ればジャリンと小判が出てくる。

もちろん固定の低金利でも借金ができたら早期に返済しなければいけない。特に明日の収入があるかどうかもわからない稲垣さんのような人にとっては絶対命題なのである。

2件目でローンを借りた稲垣さんにしていただいたのが、パチンコで儲けたお金をローン返済に充ててもらうことだった。そうすることにより2戸のマンションの家賃収入＋パチンコの儲け、つまり3つの戦力で1つの債務を撃破することが可能になる。

column

丁字戦法

遠い昔、日本とロシアの間に戦争が起こり、その勝敗を分けた日本海海戦という戦いがあった。国の命運を賭けた一戦に日本海軍の採った戦法が丁字戦法だ。味方艦隊の主砲を敵の先頭艦に集中することにより、1隻ずつ確実に撃沈していったのである。世界の海戦史上まれにみる完勝。この戦法を私は15年前から不動産投資に取り入れた。不動産投資は戦いなのだ。勝つ人か負ける人しかいない。だとすれば勝つ戦法を採用しなければならない。不動産投資の世界で勝つというのはどういうことだろう。何が味方で何が敵なのだろう？　それは明快だ(答えは次項に)。

4

味方は資産で敵は債務なのである。

負ける人はいつの世でも決まっている。多額の借金を抱え銀行にローンの返済ができなくなり債務不履行に陥ってしまう。

世の中では「いい借金はどんどんしろ」とか「借金も財産のうち」とか言う人もいるが、借金が財産でないことは小学生でも知っている。大人になるとなぜか目が曇ってしまう。債務は撃破していかなければならないのである。

稲垣さんの場合、2戸の家賃収入＋パチンコの儲け、つまり3つの戦力で1つの債務を撃破しにいった。結果、私もびっくりのわずか9か月でローンを完済。大きな借金をしてしまうと返そうという気になれないものだが、債務が少しだと、なんとか返済しようと思う。人間とはそういうものだ。

リーマンショック

2件目の債務が完済する4か月前、リーマンショックが起きた。稲垣さんにとっても神風が吹いた。地価が下落したのである。

2戸ローンのない良い形になっていたので、3件目はフルでローンを組んだ。都立家政のマンションがわずか620万円だ。

リーマンショックでパチンコの玉もやや出なくなってしまったらしいが、稲垣さんの必死の努力が続く。丁字戦法に例えれば、稲垣さんのパチンコ収入は連合艦隊の旗艦三笠だ。主砲が火を噴き続ける。マンション3戸の家賃収入プラス旗艦三笠、つまり味方戦力4、敵艦1。4の力で1の債務を撃破していく。精神的に優位に立てるのだ。

これもすごい。わずか9か月で完済してしまった。

いったい稲垣さんは1か月にどれくらいパチンコで稼ぐことができるのだろう、聞いてみた。普通に打つと月に20～30万円、朝から夜まで集中すると50万円くらいは稼げるそうだ。

ただギャンブルというのは負けた時のことは話したがらないもの。明日勝てる保証は何もないのである。

地価は依然として下落している。このチャンスを逃がす手はない。すかさず4件目もフルローンを組む。

桜台の物件が580万円で購入できた。4戸の家賃収入プラス稲垣さんのパチンコ収入。味方連合艦隊5隻、敵艦1隻。稲垣さんの気持ちは連合艦隊司令長官東郷平八郎だ。

パチンコの玉も出が悪くなっているらしいが、私も毎月稲垣さんに電話し応援する。資産コンサルタントというより、連合艦隊作戦参謀のような心境だ。いつパチンコの玉が出なくなってしまうかもしれない。丁字戦法を信じエールを送り続ける。

4件目も1年足らずで完済する。南アフリカでサッカーワールドカップがあった平成22年も終わろうとしていた。株価も1万円前後をうろうろしていた。2年半でマンション4戸借金ゼロ。想像もしていなかったすばらしい成果だ。

稲垣さんの場合、明日の補償はなにもない。マンション4戸あったら借金しないで家賃を貯め、玉が出たら5件目が買える。それでももちろんいい。でも借金で5件目を買った方が、スピードが早い。

たとえば2戸マンションを持っていたとしよう。2戸の家賃収入が貯まって3件目を買うよりも、3件目をフルローンで借りて3戸の家賃収入でそのローンを返した方が2年以上早い。

理屈は簡単だ。家賃が貯まって3件目を買おうとすると、貯まっている間のお金がタンス預金になってしまう。1戸ローンを組むことにより3戸の家賃収入が、毎月のローンの返済という形で活躍してくれるのである。

家賃が複利で働いている、しかも月利の複利だ。タンス預金と月利複利、この差が出てくるのである。

　この形だと金利が上がっても恐くない。金利10％でも家賃が貯まって3件目を買うより早い。

　こころは決まった。稲垣さんに5件目もローンを借りることを奨めた。5件目は私がセカンドハウスで借りている新井薬師のマンションの1室だ。依然、地価が下落していたので770万円で購入できた。

　このころになると稲垣さんの頭の中にも丁字戦法がイメージできている。経済的自由に向かい、真剣に取り組んでいただいているのがよくわかる。鳩山由紀夫内閣から菅直人内閣に代わったところで、牛丼が300円を切っていた。サラリーマンの私としては、嬉しい時代だった。

5

巷の本屋さんに行って不動産投資のコーナーを覗くと、何棟もアパートを購入して数年でサラリーマンを辞めたという人の話が載っている。読むとわかるが、ほぼ全額を借り入れに依存している。

サラリーマンを辞めたわけだから労働債務からは解放されたわけだが、一方で何億もの金銭債務を背負い込んでいるわけだから債務からは解放されてない。

不動産投資を始めようと思う人が一番悩むのがここではないか。ほんとうにそんなに大きな借金を抱えて大丈夫だろうか？

そうしたことを考えているのなら、その人は賢明だ。デカい借金なんかしてはいけないのである。

ひとたび大きな債務を背負うとなかなか抜け出せない。そのとき後悔しても遅い。

よく不動産会社の営業マンの言葉で「なんかあったら売ってあげますよ」というの

がある。日本でなにかあったのは、平成２年のバブル崩壊だ。それを経験している営業マンは少ない。総量規制という名のもとに不動産に対する融資がストップした。買い手が全くいない。お客さまのマンションを売り抜くことなどできなかったのである。不動産価格が下落していくのをただ見ているだけだった。「高値で売れることを前提で不動産を買ってはいけない」のだ。

１年ほどで５件目も完済。デフレも続いていたので、田園都市線の宮崎台に６８０万円で６件目を購入した。きわめて順調だ。安い時になるべく多く買っておきたかった。

「ぼくは人生逃げ切れるでしょうか？」――。

これが稲垣さんの口癖だ。定職をもたない稲垣さんにとって、不動産収入は生活の基盤そのものになりつつあった。

稲垣さんを早く人生の安全圏に連れていってあげたい。私の中にもそういう気持ちが強くなっていった。彼は豚肉が好物らしい。会社に近い京王プラザホテルで食事をした時、生姜焼きランチをたのみながらそう言っていた。

食生活を聞いてみたところ、かなりよくない。朝起きてからなにも食べず、パチンコ中はジュースと飴玉だけで夜まで過ごす。パチンコが終わったあと焼肉屋で豚肉をたくさん食べるそうだ。野菜はほとんど食べないとのこと。まだ若いからいいものの、40才を過ぎると生活習慣病になる可能性大だ。経済的ゆとりを作れば、自らの体のことを考える余裕も生まれてくることだろう。この頃そんなことを考えていた。


平成25年6月、6件目も完済。前年12月に安倍政権が誕生、株価が上昇を始めていた。幸いにも地価はまだ上昇していなかった。地価も必ず上昇してくる。

上がる前に7件目を購入する。中野のマンションが680万円で購入できた。この頃になると連帯保証なしで金融機関から融資を受けることができた。

稲垣さんはもう無職ではない。世間から不動産賃貸業者として認められたのである。

その年の9月東京オリンピックが決定。これで地価の上昇が確定した。稲垣さんはもう大丈夫だ。3件目から7件目までは明らかに安い時に購入できた。リーマンショックからスーパーデフレの4年間をものの見事に捉えることができたのだ。家賃収入7つプラス稲垣さんの繰上返済。味方戦力8隻、敵艦1隻。もう負けようがない。7件目もわずか7か月で完済してしまう。


話は少し脱線するが、私の生い立ちについて触れてみたい。

私は栃木県足利市の出身だ。織維工場の家に生まれ、隣にアサヒ座という映画館があった。

家の前を駐輪場に提供していたので、ものごころついた頃から、ただで映画を見ることができた。東宝専門で、『七人の侍』などの黒沢明作品、モスラ・ゴジラ・キングギドラ、加山雄三の若大将シリーズなど全てを毎週見ていた。その影響か、飲み屋でのボトル名は『椿三十郎』。飲み屋街を歩いていると「椿さん、ご無沙汰ね」などと妖艶な女性に声を掛けられてしまう。

戦前の繊維業界華やかなりし時代の名残か、家には蔵や茶室があった。お茶の先生を招いて茶会が催され、当主の嫡男である私は小学1年生の頃にはお茶の作法を身に付けていた。

ピアノ、絵画、習字、そろばん等いろいろ習わされたが、ろくに身が入らず、毎日足利の野山を走りまわっていた。森高千里が唄ってくれた「渡良瀬橋」の下の川原を駆け抜け、八雲神社から織姫山を一気に駆け上がり、大日様で水などを飲んでいた。

蓮岱館の深沢君は西小学校の同級生だ。体中いつも傷だらけだった。というより赤チンだらけだった。近所の親友であるカンべ、ヤスべそして私コッペの悪ガキ3人が朝登校時にそろうと、学校には行かなかった。学校30メートル手前のもんじゃ焼の店に入り、当時10円のもんじゃを食べながら、これからどこに遊びに行くか会議などしていた。

ちなみに足利では「もんじゃき」という。店の婆さんも粋なもので、「学校に行きなさい」とは決して言わなかった。５円の玉子を追加注文すると「あいよ」などと返事が返ってきた。

私の生まれる10年前、若者が神風特別攻撃隊として出撃して逝った。子供が生きているだけで幸せだったのかもしれない。

繊維業界不況のあおりで私が９才の時会社をたたんだので、父親の仕事の関係で埼玉県行田市に転校になった。妹がひとりいるが非常に優秀で、熊谷女子高を卒業後、アメリカに留学した。オハイオ州のウィルミントンカレッジからシカゴのルーズベルト大学に入り、シカゴ音楽院を首席で卒業している。フルスカラーシップも取り、その年の全米成績優秀者リストにも載っている。

後年、母親の知り合いに会うと必ず「あーら、息子さんいらっしゃったんですか？お嬢さんだけかとおもってました」などと言われる。それはそうだろう。全米成績優秀者の妹と、多年浪人＆大学中退のアタシ。親なら誰でもそうする自然な動きだ。

でもこんな私でも一度だけ輝いた時があった。中学校２年のとき熊谷高校から埼玉

父上さま

母上さま

成績優秀な妹と

大学を卒業し私たちの担任になった大卒新任の恩師仁平亘（にひらたけし）先生との出会いが始まりだった。１学期の中間テストが終わった時、先生が直立不動で下を向いて蚊の鳴くような声でつぶやいた。「クラス別では最下位でした」

当時１学年が７組。後でわかったことだが、新任の先生は出来の悪い生徒しか担当できなかったらしい。でもその中で私が１学期の学級委員長になっていた。自分で手を挙げたわけではない。クラスのみんなは菜の花のように穏やかな顔をしていた。

このままではこの先生に未来はない。私は一念奮起し、２年の１学期の期末テストから３年の３学期まで、全ての中間テストと期末テストで学年トップを取り続けた。クラスも盛り上がり、卒業時は成績トップのクラスになっていた。行田市立忍中学校３年７組、私は今でも最高のクラスだったと思っている。

卒業式を前日に控えた昭和45年３月14日、全校生徒を前にして私は埼玉県教育委員会賞の賞状と記念のアルバムを授与された。20才まで父方の小林姓であったので、小林浩作として。

6

話を稲垣さんへ戻そう。

平成26年1月、8件目をフルローンで購入。ソチオリンピックでスキージャンプ葛西紀明選手が銀メダルを獲得、団体銅メダルにも輝いた。59才だった私もレジェンドといっしょに空を飛んだ。

都内の地価が上昇してきたので、東横線の新丸子で730万円。ローンを組まないで家賃が貯まって買っても十分だが、それをやるとひとつ落とし穴がある。お金が入ってくるので使ってしまうのである。特に男性の場合はその傾向がある。私自身がかつてそうだった。

やはりわたしの考えは正しかった。実はこの8件目のマンションのローンが終わるまで稲垣さんは競馬にハマっていた。そんな話はしたことがなかったが、何かにお金を使っている気配はあった。8件目のローンが終わった時に稲垣さんがわたしに打ち明けてくれた。

「実は競馬が趣味で毎月何万円か損をするのですが、やめることができませんでした。でも今は競馬を見ますけれどお金は賭けなくなりました」

何にお金を入れればよいかが、もう稲垣さんはわかっている。


このころ武蔵小山駅前の再開発が決まり、私のお客さま4人と直属の部下松田千晴のお客さまの合計5人が再開発の恩恵を受けることとなった。

昭和62年築の１０００万円くらいで買った中古マンションが新しくなる。みんな大喜びだ。

「田島部長、次はどこが当たりますか？」

異口同音に迫ってくる。プロである以上、情報は集められる。だが、当たるか当たらないかは運しだいだ。

「おめでとうございます、よかったですね！」

ひとりひとりのお客さまに言うたび心底思う。「あ〜あ、自分で買っておけばよかった」。部下の松田千晴は歌手の松山千春と名前が似ているが女性だ。

平成27年2月、8件目のローンが完済した。『爆買い』という言葉が流行語になっていた。前年4月に消費税が8%になってパチンコの玉もやや出なくなったらしいが、なんとか1年で完済する。日経平均株価が2万円を超えていった。地価はかなり上昇している。

9件目もフルローンで購入。8件目とまったく同じマンションの別の部屋を840万円で買った。同じマンションでもこちらの方が110万円高い。1年で完済する予定だった。

ところがパチプロの世界に激震が襲う。消費税が10%になるかもしれないということで、玉が出なくなってしまったのだ。多くの仲間が転職するくらいの状況だそうだ。

パチンコの収入で繰上返済することが全くできていないのである。だけど心配はなかった。9件の家賃収入で1件分の債務の返済。9隻の連合艦隊で1隻の敵を撃破することはむずかしいことではなかった。旗艦三笠の主砲は火を噴かなくなったが、もはや怖くはなかった。

平成29年4月、9件目の債務が完済した。ビットコインが上昇を続けていた。この時点で政府系金融機関の融資規制が始まっており、10件目をフルローンで借りることはできなかった。6割が自己資金で4割が融資。これは本来の私の考え方だ。「私の理論にようやく金融機関が追い付いて来ましたね」と融資担当に言ったら苦笑していた。

という訳で10件目は700万円貯金が貯まった平成30年3月に、400万円を借りて下北沢近くの1100万円のマンションを購入した。700万円で買えるマンションもあったが、そろそろ好立地の場所を押さえておきたかった。

「ちょっと借金した方が、スピードが早いんですよ」などと逆に稲垣さんから教えられたりしていた。

マンション10件に対し借金4000万円。もはやこの金銭債務という敵は我が連合艦隊の敵ではなかった。

この年カジノ法が成立し、10数万円出たパチンコの大当たりが5万円に縮小してしまった。転職するパチプロが後を絶たないそうだ。だがしかし、稲垣さんは離職せず(?)本業にまい進している。

「もう遊びでパチンコをしても大丈夫ですよ」と言ったら「手綱を緩める理由はどこにもありません」という返事が返ってきた。私は相変わらず月に1回くらい電話している。

平成30年12月、10件目が完済した。稲垣さんの持っている10件の物件を今当社で買い取ると約7000万円になる。稲垣さんに「全部当社で買い取りますか?」と聞いたら「そのままマンションにしておきます」という返事が返ってきた。7000万円の現金を銀行口座に入れても、10年経ってもそのまま。しかし10件のマンションが11件になるのは、いとも簡単にできる。稲垣さんはもうそれを知っている。この10年も平坦な10年ではなかった。これからの10年いろいろなことが起きるだろう。でも私は稲垣さんの資産を増やし続ける自信がある。

何が稲垣さんを成功に導いたのだろう。二つの集中が最大の勝因だと思っている。まず一つは手持ちの資金を全て不動産に集中した。もし分散投資していたらこの成功はなかっただろう。

もう一つは1個の債務を集中して返済していったことである。私も学生の時パチンコをやったことがある。勝つ時もあったが統計を取ると負けていたのでやめた。あのパチンコで生活するなんてすごい。稲垣さんはそれを10数年続けてきた。並大抵の苦労ではなかったと思う。「朝は田島さんより正確にお店の前に並びますよ」と稲垣さんは言っていたが、私と比べられても困る。私は朝あまり会社にいないのだ。

サラリーマンのお客さまが多いので、平日夜か、土日が私の活動時間帯だ。稲垣さんの方が偉く思えてくる。

その稲垣さんにわたしは今、声を大にして言える。「稲垣さん、パチンコやめても大丈夫です。人生の安全圏に入りましたよ。稲垣さんはマンション10件、自己資本比率100%の世間の誰もが認める優秀な不動産賃貸業者です」

こう言ったらこんな答えが返ってきた。

「それは世を忍ぶ仮の姿で、僕はパチプロです」

この人は一生パチプロでいるような気がする。それも素敵だ。

いずれにしても労働債務もなければ金銭債務もない。マンションが増えていくだけだ。稲垣さんは真の経済的自由を勝ち取ったのである。

10年間でわたしは稲垣さんに10回しか会ったことがない。契約するときだけ。でもふたりはいつも同じ船に乗っている、戦艦三笠に。稲垣さんは東郷平八郎連合艦隊司令長官、私は作戦参謀秋山真之。

私と稲垣さんは23才年が離れている。稲垣さんが大富豪になった時、私はこの世にいない可能性が高い。「わたしが死んだら、決して借金はしないでください」私はいつも稲垣さんに言っている。

少し借金をした方がよいのは資産作りのスピードが早いからだ。大富豪になったらスピードなどいらない。借金などしなくていいのだ。家賃が貯まったら次のマンションを買えばいい。

相続税も恐くない。家賃で次から次へとマンションが増えていくので、相続が発生したら増えたマンションを売却して払えばいいのである。相続税対策として、借金して不動産を買うというのはおかしい。もしそれが正しいのなら、大富豪は巨額の借金を抱えなければならなくなる。資産は『資を産む』と書くが、増えていくものなのである。増えた分で税金を払えばよいのである。

日本財託に入社して17年、私が担当している多くのお客さまがこの丁字戦法を採用している。ほとんどがサラリーマンの人達だ。いつも彼らに「繰上返済！」などと言っているので「田島さんの顔を思い浮かべると、繰上返済という四文字熟語が浮かんできます」などと言われてしまう。でもそれが死命を制する。

知らずしらずのうちにお金を浪費してしまう人は多い。そこでローンでマンションを買ってみる。お金の使い道のひとつの選択肢を作ってあげるのだ。そう考えると不動産投資は楽しい。そしてローンのないマンションを一つなるべく早く作ること。立て続けに借金してはいけない。

いま世界中が借金しまくっている。国家、会社、個人。破たんするリスクは大きい。でも私のお客さまは大丈夫。地価が暴落したら、次の1件が安く買えるし、地価が高騰したら持っている不動産の資産価値が上がる。どちらも嬉しい。バブルが来ても、恐慌が来ても、びくともしない。資産があって借金がなかったら、人生無敵なのだ。

私の仕事はマンションを売ることではない。お客さまを儲けさせることなのである。

寄稿

次に紹介するのはマリリンモンローさま。私はしゃべるのは得意だが、文章を書くのは初めてだ。というわけで、お客さまの力をお借りすることにした。

2008年10月～2013年3月にかけて15件（！）購入していただいたマリリンモンローさまの生の声をお届けする。もちろんペンネームだ。

大学で英語を教えるステキな女性。リーマンショックの翌月から買い始めて、アベノミクスが始まったとき買うのをやめて、一挙に繰上返済をして全ての物件を完済している。天才的な買い方だ。

「お客さまを資産家に！」が口癖の営業マン

たまたま目にした新聞広告で、日本財託の社長さんが書かれた本に出会い、その後、「お仕事帰りの個別相談」で、時間が空いていた田島さんに出会い、あっという間にワンルームマンション2つを所有し、二つの偶然が重なって現在では15戸のワンルームマンションを所有することになりました。ご縁とは不思議なものです。

また田島さんと私の関係はwin-winの関係だと思っております。「win-winに必要な人格の特徴は豊かさマインドと呼ぶべきもので、信頼残高こそがwin-winの本質である」と『7つの習慣』のスティーブン・R・コヴィーは述べています。

私は、田島さんを信頼していて、いまでは、田島さんが推薦なさる物件であれば、物件を見なくても購入するようになりました。

田島さんは面倒見がよく、繰り上げ返済をした際も、落ち込んでいる人を勇気づけ、「頑張れー」と後押ししたい際も、中野新橋の「フォーク喫茶ゆらゆら」や目黒の「陳民」にみんなを連れて行って下さいます。

田島さんの一番は加山雄三の曲です。英語の歌もお得意で、Nat King Cole（ナット・キング・コール）のStardust（スターダスト）が十八番で、歌声はネイティヴみたいです。

30歳〜36歳まで不動産業界で働いていたものの、バブル崩壊に伴い、「お客さまに損をさせるくらいなら辞める方がまし」と決意し、36歳で不動産業界を辞め、それから13年間働いていませんでした。平成15年に不動産市況が良くなったことを受け、48歳で日本財託に入社されました。

田島さんは「バブルの時、自分の甘さから、お客さまに損をさせてしまった」と、とても後悔なさっています。バブルの時は都市銀行ですらこぞって土地担保不動産で、「ずっと返さなくていいから」と、変額保険を買わせたり、株を買わせたりしていたそうです。しかし、バブル崩壊と同時に手のひらを返したように、借金取り立てに回ったそうです。

「都市銀行といえども信用してはいけない。土地担保不動産で変額保険を買うお金まで用意する都市銀行を信用してしまった自分がばかだった。同じ失敗を二度と繰り返したくない」という強い思いから、「不動産投資をする人がだれでも資産家になれるよう、ローンのないマンション2戸とローンのあるマンション1戸で不動産を増やしていくという借入割合40％以下という『田島理論』（現在は『レバレッジの黄金律』をつくった）そうです。だからなのでしょう。田島さんは常々、「税金より、債務が一番怖い」とおっしゃっています。

田島さんは、高校時代は遠藤周作さんの『ぐうたらシリーズ』や、吉行淳之介さんの『軽薄のすすめ』に夢中だったそうです。また、安倍晋三総理と学年は一緒なのに、（予備校時代が長かったため）大学は、総理が出られた後入学されたとのこと（笑）。あまりにも教え方が上手だったので、大学入学後は予備校生相手に家庭教師に忙しく、大学は休学という面白いキャリアの持ち主です。

不動産投資が怖いと思われているのは、不動産会社の営業マンさんの執拗な勧誘電話があるからだと思いますが、オーナー仲間によると、「田島さんは電話が苦手らしく、要件のみで、あっけないくらいすぐに切ってしまう（笑）」とのことです。また、別のオーナー仲間によると、「田島さん、こっちが乗り気でないと、すぐテをひいちゃいますよねー。営業マンなのに欲が無いというか（笑）」と言っています。

田島さんは、「笑顔の先に契約がある」と思っていらして、本当に買いたいと思うお客さまに買ってもらいたいと考えています。以前、お客さまの友人の方がお客さまの顔を立てて田島さんに会いにいらした時、「購入したい」と言われたお客さまのお顔を見たら、「買いたいという顔をしてない」と思い、「買いたいって思っていないでしょ?」とむけると「そうです」とおっしゃったそうです。

お客さまが笑顔になって、「絶対買いたい」とか、「やっぱり買ったほうがいいですよね?」と言ってくれた時に売りたいとのことです。「迷っている人の手をむりやりこっち(購入させる)に引くことはしません」とおっしゃっていました。「甘いといわれるかもしれないが、絶対にゆずれない部分」とのことです。

私のイメージでは、田島さんは机にいるだけで、お客さまから電話がきて、不動産を売っていらっしゃいます。事実、「ローンが終わったので、もう1戸購入したい」「友人に話してみたら、興味を持ったので、田島さんに紹介したい」というお客さままで一杯です。

田島さんはセールスマンではなくビジネスマンと呼ばれたいそうです。セールスマンは売ることありき、売ることが善です。一方、ビジネスマンはお客さまに利、すなわち幸せを感じてもらいはじめて買ってもらうということです。

また、自分がされて嫌なことはお客さまにもしないという信念もお持ちです。「マンション投資が正しいとわかっていても、やっぱり止めようと思った人の心を大事にしたい」とおっしゃっています。

最近、一生懸命貯めた2000万円のうち、1200万円で投資マンションを購入しようと決め、契約までされたお客さまが、深夜2時30分にメールで「よく考えたのですがやっぱり止めます」というようなことがあったそうです。

田島さんは、「通帳に2000万円あったものが、1200万円なくなるのは心配だ。という気持ちはよくわかる。言葉でやりたいと言っていてもやりたくないとお客さまが考えていたら、いくら不動産投資が正しくても勧めていいとは限らない。

お客さまの気持ちが前に向いてはじめて勧めるのが本当の営業だ。本当に不動産投資をやりたいと思った人にすすめたい」とおっしゃいます。もうすぐ65歳で、第一線でいられるのは、お客さまの心を大切になさっていらっしゃるからだと思います。

マリリンモンローさま　ありがとうございました。

連絡先

- 株式会社 日本財託

〒160-0023
東京都新宿区西新宿1-22-2 新宿サンエービル9F・10F・13F
0120-411-047
http://www.nihonzaitaku.co.jp/

- 田島 浩作

090-9806-9205
tajima@nihonzaitaku.co.jp

2章

昭和62年築のマンションが
2戸の
新築マンションに

2章は私のオーナーさまに登場していただく。
亮孔明さま。もちろんペンネームだ。
金融関係の会社にお勤めしている現役のサラリーマンだ。

1・株式投資と違い不動産投資には「売り時」がない!?

皆さんが不動産投資を始めるにあたっては、様々なリスクについて不安に思い、対応策を模索することでしょう。その内の一つが出口戦略ではないでしょうか。つまり、購入した物件は最終的にどうなるのか？　どうすればいいのか？　ということです。

株式投資の経験がある人は、これを不動産投資にも応用して、物件が値上がりした時や修繕費用がかさむ前に売却することを検討するかもしれません。しかし、株式と不動産では特性が異なります。

株式投資では、値上がりした銘柄を売却して利益を確定したら、今度は再び割安な銘柄を探して買い替えるというスタイルが一般的です。

一方、不動産では値上がりして売却しても、買い替えるための割安な物件を探すことは困難です。例えば売却物件と同じような物件で、割安なものを探すのは困難です。値上がりした都心のワンルームマンションを売却したら、価格が安くて利回りが良い郊外の物件は割安に感じるかもしれません。特に不動産屋から強く勧められたら、その気になる人は多いのではないでしょうか？

郊外物件のリスク特性（例えば、空室期間が長期化しやすい、家賃が下がりやすい等）をキチンと理解して買うのならよいのですが、売却益を獲得したからといって安易に決めてしまうと、後で手痛いしっぺ返しを食らうことになりかねません。

株式と異なり、不動産では低価格な物件や利回りが高い物件が一概に割安とは言えないので注意が必要です。

では、物件の売り時とはどういう時でしょうか?

それは不動産投資をやめる時です。自宅の購入や高齢者住宅に入居するための資金を捻出したい、あるいは借金を返済するため、あるいは高齢等の理由で管理できない、などが考えられます。


では不動産投資をやめる予定がない場合はどうしたらよいでしょうか?

その場合は基本的に売り時はない、というか売る必要がないということになります。つまり、ずっと持ち続けるべきだということです。

鉄筋コンクリートのマンションの耐用年数は47年です。が、それはあくまで税金を計算するための年数（法定耐用年数）であり、建物の本当の寿命とは異なります。

鉄筋コンクリート自体の寿命は100年以上と言われています。つまり、適切に管理していれば100年以上保たせることが可能なのです。私たちよりもマンションの方が長生きすることになるので、後継ぎがいない方は出口戦略（売却）を考える必要などない、という考え方もあります。

一方、不動産を子供に財産として残したいと考える人もいらっしゃるでしょう。ただ、最近では空き家問題がマスコミで盛んに取り上げられるなど、深刻な社会問題になりつつあります。空室が目立つ老朽化したマンションを残したら、子供の負担が増えるのではないか？　と不安に思う人も多いでしょう。

たしかにマンションの建物自体（ハード面）が100年以上大丈夫だとしても、設備や利用形態などソフト面は時代とともに変化するので、一概に100年以上大丈夫とは言えないかもしれません。かつて公団住宅は高度経済成長期には大人気でしたが、最近は間取りや立地等が時代のニーズに合っていないなどの理由で、空室が目立つところが増えています。

しかし、一定の要件を備えたワンルームマンションは当面需要が衰えることはなく、根強い人気が続くとみられます。その背景には、若者から年配者まで幅広い年齢層に単身者が分布しており、加えて近年では外国人の増加に拍車がかかっているからです。

専有面積の広さは家賃に比例することから、ワンルームマンションは手ごろな価格で借りることができ、また必要な設備も集約されているので、築数十年が経過した物件でも根強い人気があります。

２・お宝のマンションを廃墟化させない2つのルール

地方では（最近では都会でも）廃墟のような建物（主に木造）を見かけることがあります。費用が多額になるので修繕されず賃貸ができない、もちろん二束三文でも売れない（取壊し費用の方が高い）などの理由で放置され、数十年が経過して所有者すらわからない。マンションでも地方では似たような状況が出始めています。

このような状況に陥らないためには、次の点に注意する必要があります。

❶購入時に立地（路線や駅、徒歩10分以内）**を最優先する**
幅広い層（若者から年配者、外国人まで）から根強い人気があるので、適切に募集すれば空室が目立つことはない。

❷購入後は大規模修繕等を適切に行う（そのための月々の積立金は適正か）
計画的に修繕することで廃墟化は防ぐことができる。

3・再開発の話が出たら絶対に乗るべし！

建て替えに至るまでには二つの道筋があります。一つはいわゆる老朽化などにより必要に迫られた建て替え。もう一つは再開発に伴う建て替えです。

ここでいう再開発は、行政と協力して行う大規模なものを想定します。お隣の建て替えに便乗して共同で建て替えるものは、再開発ではなく建て替えとします。

本章では再開発について取り上げたいと思います。

現在、再開発が進んでいる武蔵小山駅周辺では何年か前から駅前の再開発が計画されていましたが、私が所有する物件はその対象外となっていました。

当然のことですが、このような再開発は物件所有者にとってデメリットはほとんどないので、話があれば絶対に参加すべきです。

しかしながら、私の物件では当初に参加の打診があったにもかかわらず、当時の理事長が断っていたのです。はっきりした理由はわからないのですが、高齢の理事長にとって参加すれば負担が増えて対応できないからのようでした。

その後に理事長職を引き継いだ現理事長（厳密には管理組合が解散したので既に理事長ではないのですが、彼の功績に敬意を評して現理事長と呼称します）はことの重大性に気づいて、すぐに再開発への参加を再開発準備組合にお願いしましたが、時すでに遅く断られてしまいました。再開発準備組合としてはすでに計画が動き出していたので、今更言われても…、という感じだったのでしょう。

それでも現理事長は諦めずに粘り強く再開発準備組合に掛け合いを続けました。すると再開発準備組合からマンションの所有者全員が再開発に協力する旨の書面を半年以内に準備できれば組合への参加を認める、との通知がありました。

詳しい方はご存知でしょうが、この条件はかなりハードルが高いです。

マンションの建て替えを正式に決定するためには、管理組合の総会で5分の4以上の賛成で決議する必要があるのですが、多くの管理組合ではこの賛成が得られなくて困っているのです。それが、全員の賛成が必須条件なのです。

通常は5分の4以上の賛成で再開発に参加して、5分の1の反対者の説得は再開発準備組合が行います。しかし、私たちのように後から参加を希望する者のために再開発全体の計画に遅れが生じると、当初から加わっている近隣の組合員に迷惑をかけてしまいます。周回遅れの参加希望者にはやむを得ない条件だったのでしょう。しかも、再開発に関する詳細な説明も条件の提示も何もありませんでしたので、ほぼ白紙委任状に署名捺印するのと同じ状況でした。

私は再開発について多少の知識がありましたので躊躇なく喜んでサインしましたが、よくわからない方も多かったと思います。

それでも我らの理事長は諦めませんでした。建物管理会社と協力して半年以内に所有者全員の署名捺印を集めたのです。

ほぼダメ元で課された条件だったので、これには再開発準備組合の役員たちも驚きを隠せませんでした。なにはともあれ我が管理組合は無事に再開発準備組合に参加することができました。後日に受け取った完成予想図によると、我がマンションの跡地はほぼ道路になるようです。

4・再開発の対象になると、たとえ空室が出ても補填される

再開発準備組合への参加が正式に決まったことで、次のイベントは再開発準備組合への物件の引渡しになります。引渡しまでに物件を空室にしなければなりません。

・入居者は立退きに応じてくれるだろうか？
・変にごねたり法外な立退料を請求されたりしないだろうか？
・入居者にはどのように説明したらよいのだろうか？
・逆に早々に退去されて空室期間が長期化したら大変なことになる

等々、所有者としては不安が付きまとうことでしょう。

再開発準備組合への参加が正式に決まった時点で、物件の引渡しまで約3年ありました。引渡しまで今の入居者さんにこのまま住み続けてもらいたいのですが、残り2年を切ってから退去されることが一番の気がかりでした。

残り2年を切ってから入居者が退去してしまうと、次の入居者を募集する際に通常の2年間の賃貸借契約ができません。契約期間を再開発準備組合への引渡しまでの定期契約にせざるを得ません。

定期契約は契約期間が短いうえに契約更新もできないなど賃借人に不利な契約のため、当然に賃料が下がります。恐々としていると、ついにきました退去通知…。引渡し開始まで約1年半、長期空室と家賃半額を覚悟しましたが、空室期間は1ヶ月、家賃の値下りも8千円程度でした。募集をお願いしていた日本財託の営業力は凄いです。

ところで、再開発の対象となったことで家賃が下がり、引渡しから竣工までの空室（今回は5年弱）が発生すると、借入金の返済はどうしたらよいのでしょうか？ 返せなくなりますよね。大丈夫です。値下がり分と空室期間は補償金として再開発準備組合から補填されたのです。つまり、再開発の期間中は空室も家賃の値下がりも心配ないのです。

5・補償金への税金対策を忘れずに

補償金として5年分の家賃相当額が引渡し時に全額一度に入金されました。嬉しいことなのですが、確定申告が大変です。例えば年間１００万円の収入が5年間続いた場合は、経費も5年分あるので、まあそれなりの税額になります。ところが、まとめて1年で５００万円の収入になっても、経費は5倍にはなりません。そうなると税金が高くなるのではと心配になりませんか？

私はとても心配だったので、直ぐに調べました。すると、確定申告の時に一定の手続きをすれば、税務上の軽減措置があり、課税される収入は3分の1程度圧縮されることがわかりました。ただ、この一定の手続きというのがかなり特殊で複雑でした。私は税務に関してはかなり詳しい方ですが、なぜこのような計算をするのか、算出した金額にどういう意味があるのか等、全然理解できませんでした。

今回は再開発組合が会計事務所と契約して組合員への再開発に関する税務の助言は無料で対応してもらえることになりました。ただし、無料なのはあくまで助言であり、申告書の作成まで依頼したい場合には個別に有料で契約することになります。

そこで、私は再開発組合が契約した税理士の先生に早い時期に個別面談をお願いしました。個別面談で再開発に関して申告書に記入する金額や計算方法等を助言してもらいながら、申告書の提出時に添付が必要な書類の一覧表と申告書の下書きを何とかその場で作成しました。後は提出日までに必要な書類を揃えて清書するだけです。

毎年依頼している税理士がいる場合には、その先生が再開発に関してどこまで対応できるか確認して、組合の税理士とのすみ分けをするとよいでしょう。

6・申告の2年前から始めた税金対策

税金対策というと、まずは節税を想像されると思います。それは文字どおり支払う税金を節約することが目的だからでしょう。しかし私の考え方は、納税額が減少するという結果は同じですが、目的が異なります。

先ほど税理士の先生には早い時期に助言をお願いしたと記載しましたが、皆さんならいつ頃に依頼するでしょう？　私は申告の2年くらい前から検討を開始して概略を把握し、面談は1年以上前にお願いして課税される臨時収入の概算額を掴みました。

この概算額を事前に把握することができれば翌年の必要経費を予算化できます。例えば、前倒し可能な消耗品（備品）の購入、設備や建物の修繕の実施、物件の追加購入（諸費用の計上）等を計画的に実施することが可能になるのです。

単純に節税が目的なら手っ取り早く接待交際費を例年より多めにすることになるでしょう。本当に有意義な接待費なら大いに使ってよいのですが、ほとんどの場合単なる無駄遣いになっていませんか？　折角の機会なので物件の寿命を延ばしたり、空室期間の短縮が期待できる前向きな投資を計画したいものです。

7・再開発になった物件への課税は？

再開発となると、中古物件がほぼ無償で新築物件に化けることになるので資産価値が豹変します。この資産価値の向上分に税金はかからないのでしょうか？　固定資産税が上がるだけで資産価値の向上は非課税？　と喜ぶのは残念ながら間違いです。

将来、物件を売却した時にしっかり課税されます。私が売却しなくても子や孫が売却すれば、その時に課税されます。

売った金額から買った金額を差し引いた利益に税金はかけられます。

私の場合、再開発前の中古物件の価格が買った金額になります。それが再開発で2戸に増えている（詳細は後述）ので、1戸分の買った金額は元の物件価格の半分になってしまいます。そのため、売るとがっぽり税金を取られてしまいます。

⑧・臨時収入はムダ遣いせず繰上げ返済に充当

先ほど補償金には非課税になる部分と課税される部分があることをご説明しました。

課税される金額相当額を経費となる消耗品の購入や少額の設備投資に充てることは

できます。税金を払いたくないからといって無駄遣いするのは本末転倒ですが、せっかくの機会なので入居率向上につながる前向きな投資は積極的に行いたいものです。

では、非課税部分は何に使うのが効率的でしょうか?

私は迷わず繰上返済に充てました。しかもこの物件の借入ではありません。借入全体の中から金利が高いローンや団信のないローンなど、条件が悪いローンから順に返済するのです。

なお、繰上返済には期間短縮型と返済額減額型の2種類があることをご存知ですか? 期間短縮型は返済額を変えずに返済期間を短くする方式です。返済期間がどんどん短くなり、後何年で完済できるのか明確で分かりやすいのが特徴です。一方、返済額減額型は返済期間を変えずに返済額を減らす方式です。

期間短縮型はトータルの利息の支払額が減るという理由(または銀行に勧められて)で、ほとんどの人はこちらを選びます。ただ、定期的に繰上返済を繰り返すのであれば、実はトータルの利息の支払額はどちらもほとんど変わりません。

繰上返済の手数料が同じなら、絶対に返済額の減額をお勧めします。

不動産投資で借入を利用している人の最優先事項は利回りでも収支でもありません。資金繰り（キャッシュフロー）です。なぜかと言うと、何かあった場合、例えば大地震、大火災、健康問題（高額な医療費）、失業、転職など、資金繰りがピンチになった時でも返済日は確実にやってくるからです。

返済の資金が足りずに延滞すると、次の借入（審査）が困難になります。延滞が続くと物件は競売にかけられ、不動産投資の世界から退場となります。何かあった時に返済額が少しでも減っていれば、どれだけ助かることでしょう。

ちなみに分割返済ができることを「期限の利益」と言います。「期限の利益」という権利なのです。期間短縮型の繰上返済はこの権利を自ら放棄する行為なのです。

9・タワーマンションでの物件選びのコツ

さて、随分と脱線しましたが、再開発に話を戻します。次のイベントは新しい建物の部屋割りです。

タワーマンションなので高層階の数億円の物件から低層階のワンルームタイプまで千差万別です。皆さんならどのような物件を選びますか？

ちなみに私の持分（元の物件の評価額を基準に新物件を取得できる権利の金額）は約１３００万円でした。物件を取得せず１３００万円を受け取る選択肢もあります。

現実的な候補は低層階の17～30㎡弱のワンルームタイプとなります。17㎡の物件の評価額は約９００万円でした。この金額は実際の売値ではありません。あくまで私たち地権者が等価交換するための基準価格なのです。

仮に17㎡の物件を選択すると差額の４００万円は現金で戻ってきます。約24㎡でトントン、それ以上になると１３００万円を超えるので差額を支払う必要があります。また、階が上がると、その分だけ評価額が上がります。例えば差額を支払って中層階の30㎡弱のワンルームを選択することも可能です。ただし、差額の支払には限度額があるのでワンルームの倍以上になるファミリータイプを選択することはできないのです。

一番人気はやはり約24㎡の物件でした。特定の物件に複数の希望者が出ると抽選になるので第8希望くらいまで書きます。

私は第1希望を最も低価格な最下層（4階）の17㎡で申込みました。加えて第2物件（希望ではないですよ）として5階の17㎡を指定し、合計額と1300万円の差額を支払う、という選択をしました。

案の定、17㎡の物件には他に希望者がなく、4階と5階の2物件ですんなりと決まりました。

なぜ人気のない17㎡の物件を私が選択したのか理解できますか？

24㎡の物件は面積で17㎡の約5割増です。ですから評価額も公平に約5割増です。しかし、家賃は5割増にはなりません。せいぜい2～3割増です。つまり、17㎡の方が利回りは良いのです。また家賃が24㎡物件より2～3割安いので募集期間の短縮化も期待されます。

また、900万円という評価額は相当割安な設定です。駅徒歩2分の立地なので中古物件でも千数百万円はするでしょう。ですから、差額を受け取るのは極めてもったいないことなのです。試算したところギリギリで2戸目の17㎡物件を購入する権利が残っていたので、差額を払って2戸目の17㎡物件を購入する選択をしたのです。まさに「人の行く裏に道あり花の山」です。

10・素人が再開発物件に手を出すのは控える

現在進行形の再開発物件はインターネットで検索すればある程度見当がつきますし、不動産会社から「再開発物件だから」と勧められることもあるでしょう。しかし、本当に再開発物件はお買得なのでしょうか？　実はそれほど甘くありません。

条件が類似する中古物件と比較して、再開発対象物件は当然に高額（低利回り）です。そして再開発計画はスケジュールが遅れるのが普通です。場合によっては10年単位で遅れます。

そもそも、皆さんの不動産投資の目的は何だったのでしょう？　値上がりによる売却益ですか？　新築の投資物件はデベロッパーが多額の広告宣伝費をかけて、あるいは営業マンが電話をかけまくってなんとか売り切る、という商売です。素人の個人が簡単に売却益を得られるほど甘くはないと思います。

11・再開発は宝くじと思うべし

再開発が決定している物件は既に値上がりしている状態ですが、将来的に可能性があるかもしれない、という物件なら余計な値上がりはしていない可能性もあります。

では、どのような物件を選べばよいのでしょうか？　その答えは簡単で、単に立地の良い物件です。

最寄駅はターミナル駅に近く乗降客数が多い駅で、できれば複数路線乗入や急行停車駅が望ましく、最寄駅まで徒歩5分以内（できれば数分）。あとは価格（利回り）が希望の範囲に収まるかどうかです。

再開発の白羽の矢が立つかどうかは神のみぞ知る宝くじのようなものです。日頃の物件選びにおいて、立地を最優先に考えつつ一定の利回りを確保できる範囲内で少しずつ物件を買い増ししていれば、たとえ再開発に当たらなくても不動産投資として失敗することはないでしょう。

12・再開発をアテにせず、将来の建て替えに備えよ

宝くじのような再開発はアテにせず、建物の老朽化が進み建て替えせざるを得ない状況になることを想定して管理組合の修繕積立金を積み増しましょう。建て替えには建築費用の他に補償金などの費用も発生します。

建て替えをするにあたり、古い建物にくらべ新しい建物で全体の戸数が増える場合には、増えた戸数の売却益を建て替え費用に充てることができますが、増やせない場合や増やせる戸数が少ない場合には建て替え費用の全額が賄えません。その時は管理組合の組合員が負担することになります。1000万円以上の負担になる場合もありますが、支払えない場合は持ち分を売却することも可能です。

公的な再開発で持ち出しが発生しないのは、公益性の観点から高さ制限などの規制が緩和され、増やせる戸数が多くなるからです。

そこで持ち出し負担を少しでも軽くするために、管理組合の修繕積立金を積み増しましょう。修繕積立金は一般的に不足しがちで、大規模修繕工事やエレベーターの更新、給排水管の更新などの多額の費用が必要な場合に、行き詰まって不足が発覚することが多いようです。

私が管理組合の理事長を務めている物件では不要不急の修繕は行わず、必要最低限の修繕のみを厳密な相見積で徹底的にコスト削減してから実施しています。

建物管理会社は設備の更新時期が近いと、少しの不具合でも設備の交換を提案してきます。交換の提案せずに設備が止まるなどの事態が発生すると、責任問題になるので当然の対応ですが、管理組合にとって最善とは言えないケースも多々あります。

たとえば給水設備は約20年が更新の目安です。給水設備が止まると断水して住民に深刻な影響が出るので、慎重な判断が必要な設備の一つです。したがって、建物管理会社では更新が近い時期に少しでも不具合が発生すると、必ず交換を提案してきます。ところが給水ポンプは規模にもよりますが、２００万円くらいする高価な設備なので、少しでも延命したいところです。

そこで、不具合が発生した場合には、その内容をよく確認しましょう。給水設備は少々不具合が発生しても断水しないように、２系統の機械が交互に稼働しています。1系統が完全に止まっても、もう1系統が直ぐに稼働するので断水は発生しません。しかし、その稼働している系統まで止まってしまうと断水するので、すぐに設備の交換を手配する必要があります。ただし、不具合の内容が異音がするなどの軽微なもので、２系統とも動いているなら、点検や整備で済ませて1系統が止まるまで様子を見るという選択肢もあるのです。

実際に私の物件で給水設備のバルブに異音が発生する不具合が発生しましたが、そのまま様子見して既に5年以上経過しています。

話が長くなりましたが、修繕積立金を少しでも多く積み増すことで建て替えに関わる負担を少しでも減らしたいものです。マンションは適切に管理していれば50年でも１００年でも大丈夫と言われています。50年後には私は１００歳を超えるので生きていないと思いますが、子や孫が困らないように建て替えには今後も関わりたいと思っています。

連絡先

● 株式会社 日本財託
〒160-0023
東京都新宿区西新宿1-22-2 新宿サンエービル9F・10F・13F
0120-411-047
http://www.nihonzaitaku.co.jp/

● 田島 浩作
090-9806-9205
tajima@nihonzaitaku.co.jp

3章

管理会社を取り替えてしまう男

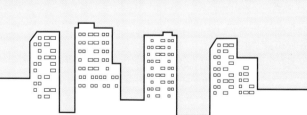

3章もオーナーさまに執筆してもらった。飯田勝啓さま。本名だ。
都立三田高校から早稲田大学商学部を卒業。
大手カード会社に30年勤務ののちマンション管理士として独立。
今や日本を代表するマンション管理士の一人だ。

「資産家にする」と言ってくれた人

◉はじめに

東京で何年ぶりかの大雪の日、都心では珍しい雪を踏みしめながらセミナー会場へ。

こんな日に人が集まるのだろうかと思ったものの、会場に入って驚いた。すでに会場は半分ほど席が埋まっていた。

このワンルーム投資セミナーで私の担当として一から丁寧に説明し、疑問に答えてくれたのが『椿さん』だった。これが私の人生を変えたと言っても過言ではない『椿さん』との出会いだった。

『椿さん』のことはおいおい話すとして、『椿さん』がセミナーで言った「あなたを資産家にする」との言葉は新鮮だった。「資産家」なんて自分とは縁のない言葉だと思っていたからだが、まさか…。それをごく自然に言ってくれたところに『椿さん』の不思議な魅力があった。

この時から遡ること2年前、私は米国ハワイ州ホノルルに大手クレジットカード会社の駐在員として赴任していた。赴任中は我ながらサラリーマン人生の中で最も輝いていたと言えるくらい充実していた。

そんな恵まれた時期を6年以上も過ごした後の帰国の異動発令。これには従わざるを得ず、6年11か月ぶりに帰国した。

しかしそれはまさに「竜宮城」から帰った浦島太郎が玉手箱を開けた状態そのもの。勤めていた本社は移転し、同僚や部下も、人事評価や求められる人材像も、あらゆるものが変わっていた。

組織が効率性を求め、「成果」を社員に期待するのは決しておかしな話ではない。しかし、半期の間にたてた目標に一定の成果を出すことが、より強くなっていた。その結果として、長期的な展望やお客さま目線から外れ、目先の目標を追うことに終始し、その目標を達成するためには同僚のことも、他部署のことも考えなくなり、ただ自分の負担にならないことしか考えなくなった。多くの社員は自分の評価を気にしながら仕事をする、ギスギスした雰囲気になっていった。

またミスをすると評価が下がるため、ミスをしないようビクビクしながら仕事する社員が増えるとともに、自分の評価に関係のない「余計な」仕事はしなくなっていた。

それまでの会社は大きな「家族」のようなもので、上司や先輩、部下たちとともに、一緒に助け合っていくというような社風で育ってきた。そんな一時代前の者にとって違和感を感じないではいられず、次第に会社から心が離れていくのを感じていた。

アメリカ人は自分の主張をもつ。組織がどうであれ、自分の考えを主張する。そんな環境に7年近く暮らしていると、自然に考え方も変わってくる。海外赴任前は何の疑問も感じないごく普通のサラリーマンだったが、帰国後は元のサラリーマンには戻れなかった。

そんな中で過ごさなければならない日本のサラリーマン生活は辛かった。仕事にやりがいを感じているときは、一日が短く感じるが、この頃は一日がとてつもなく長く感じられる毎日だった。

そんな繰り返しをしていると、こんなことではいけないと日々思わされた。この先のサラリーマン人生は一体どうなるのだろう。さらにその先の老後はどうなるのだろう。

そんな漠然とした不安でいっぱいの時に踏み込んだのが、ワンルームマンション投資の世界だった。この時、49歳。将来を悩みながら揺れる年頃だった。

初めの1戸

大雪の日のセミナーでは重吉社長の「東京23区内の中古ワンルームマンションに投資する」という本を読んでいたので不動産投資について、ある程度は理解していたつもりだったが、それでもいくつか疑問はあった。

Q. 本当にリスクはないのか――。

A. たしかにリスクはある。でも立地を厳選し、賃貸で人気のあるエリアであれば問題はない。

Q. 金利上昇のリスクはないのか――。

A. リスクはある。でも借入の割合をコントロールできるなら問題はない。

その他さまざまな疑問に対して、『椿さん』が的確に答えてくれた。

新鮮な感動冷めやらぬセミナーの1週間後、『椿さん』から銀座のワンルームマンションの紹介があった。

なにせ初めて購入を考えたマンションだ。購入する以上は、間違いないものを選ばなければと、そのマンションに通った。それも朝と晩に。それは時間帯によって街の顔が大きく変わるからだ。

またルールを守らず、常識を持たないような居住者がいたら、それだけで資産価値は下がると考え、現地に行って、変な居住者が住んでいないか聞きまわった。そこまでして準備万端。ここに決めようと決意した翌日、『椿さん』から電話があった。

「実は、あの物件は売れてしまいました。ゴメンなさい」と丁重ではあったが、この言葉を聞いて絶句した心境は今も鮮明に残っている。

いま思えばこれが『椿さん』とのかかわりの最初で、こんな強烈なことがあったので、余計に密なつき合いになったのではないかと思う。今なら笑えるが、当時は笑えない気分であった。

■1年で8戸

初めは1戸だけのつもりだったが、給料以外に家賃として収入があることの喜びと感動。自分が休暇で遊んでいる間に、ワンルームマンションがせっせと稼いでくれるのだから、こんなおいしい話はない。ならば1戸に留めず、経済的に強固な基盤にしようと決めた。

こうして私のマンション侵攻作戦が始まった。

1戸目の銀座の出直し物件はワンルームというより1DKのやや広めなコンパクトタイプで、価格はワンルーム並みの好条件だったこともあり、『椿さん』の言葉に絶句した心境は雲散霧消した。

2戸目は浜松町。再開発がなされたばかりの汐留にも近いエリア。再開発の行方に期待が高まった。

3戸目は新宿高層ビル群にも近く、摩天楼の夜景が眺められる物件。都心に住まう非日常を感じた。

4戸目は池袋。池袋止まりの終電に乗っても歩いて帰れるところ。これならどんな人にもニーズがあるだろう。

5戸目は荻窪。初めての中央線沿線。マンションでのペット共生がまだ珍しい頃の、

▲1戸目の物件：初めてマンションを所有し一歩踏み出せたと実感した。

▲7戸目の物件：購入後、賃貸前に夕陽の下、ルーフバルコニーで乾杯。

共生第1号と言われた物件。愛犬家ではないが、ペットを飼う気持ちになった。

6戸目は武蔵小杉。横須賀線新駅ができ、タワーマンションが次々と建設中で街自体が「住みたい街」の上位にランキングされるほど人気が高いエリアの物件。

7戸目が中央線、中野駅から商店街の中にあり便利な立地の物件。周辺の雑然とした昭和レトロな飲食街にはそそられるものがあった。

8戸目が横浜市南区。市営地下鉄駅から徒歩2分のところと、気がつけば1年で8戸のワンルームを取得することになった。

この頃、毎月所有物件が増え、書斎の壁に貼った東京の大地図に所有するマンションの位置をピンで示していった。こうすることで自分の陣地というか庭というか、自分の領域が拡がる喜びを味わった。

これらの合計で管理費等を除いた月の手取り収入は28万円になっていた。

不動産会社ではセミナーの出席者が購入した物件の価格の合計を調査しているという。あの大雪の日のセミナーでの売上げは、その後しばらくの間、最高額だったと『椿さん』から聞かされた。1年で8戸も購入する、ちょっと無謀な（?・）人がいたからだと笑えた。

『椿さん』は、何事も、〝集中〟が大事と常々口にしていた。日露戦争の日本海海戦での勝利は、戦艦を〝集中〟して投入したことが勝因だという。逆に太平洋戦争の敗戦は、ミッドウェー沖海戦で空母など主力戦力を〝集中〟できなかったことにあるという。

ワンルーム投資においても攻めるときは一気呵成に〝集中〟するという『椿』流のスタイルが知らずしらずのうちに私の中に沁みついており、『椿さん』の考え方に感化されてきたと感じた。

ただ一つ、『椿さん』への疑問があった。それはワンルーム経営が不労収入を生み、サラリーマンでもラクラク資産形成ができ、「資産家」になれるという、こんなにおいしい話なのに、『椿さん』はどうして人に勧めるだけで、自らやらないのかということだった。

それに対する『椿さん』の答えは、「自分はもう資産ができているから…」と言うばかりで、なぜか釈然としなかった。この理由はずいぶん後になるまでわからなかった。

『椿さん』とのエピソードにこんなこともあった。

初めての大雪のセミナーの日、私が「自由になる資金は1000万円しかない」と言ったことに対して『椿さん』は「あれは〝大ウソ〟だったな」と、ことあるごとに言われ続けた。

たしかに1000万円ではどう転んでも8戸以上増やすことはできないし、自分でもそう言ったことをはっきり覚えている。

それは初めてのワンルーム投資への不安がある中で、万一うまくいかなくても影響がない上限が1000万円だったからだ。

「『椿さん』大ウソついてゴメンなさい」

でもこれが新たな世界へ踏み出す者にとって最初の、せめてもの予防線であることをわかっていただきたい…。

『椿さん』から紹介された物件をたて続けに購入していったが、紹介された物件を全て購入したわけではない。実際に現地を訪ね、お断りしたところも複数あった。

『椿さん』に対して絶大な信頼はあったが、こと立地に関しては自分なりのこだわりがあって、その主張を通させてもらった。

価格は手ごろであったが、バルコニーの真ん前に隣のマンションの壁が立ちはだかっていた物件、病院の隣にあって万一の場合は安心だろうが、救急車のサイレンに悩まされるだろうと思えた物件、慶應義塾大学の近くで立地は最高、価格も手ごろ、でも今の耐震基準を満たしていない物件など理由は様々だが、断念した場面があったことを思い出す。

また、よく賃貸物件は自分の好みで決めてはいけないと言われる。それは自分の好きな場所や快適な設備を求め過ぎると、適正な利回りが得られなくなることを戒めるものだが、私はそうは思わない。ワンルームと言っても、やはり自分の大切な資産として残るものであり、自分なりのこだわりと納得感が必要だと思うからだ。自分の片腕として、また我が子のような愛着をもって気にいったワンルームを買うのがよいと思っている。ワンルームを増やしていく過程については拙著『49歳、窓際サラリーマンだった私が会社を辞めて家賃収入だけでラクラク生活を実現した話』(かんき出版)を参照されたい。

タイミングが重要

これまでお話してきたように、物件探しの基本は「必ず現地に出向いて物件を確認すること」だ。物件を見極めるうえで、これは重要であり、今でもその考え方に変わりはない。ただ唯一、現地を見ないで購入した物件があった。

サラリーマン時代の終業時刻は17時15分だったが、この日そろそろ終業時刻のメロディが流れるという時に『椿さん』から電話が入った。

とくに約束をしている日ではなかったので、何だろうと用件を聞くと、世田谷区内で1件売りがあるという。元々は購入予定者が決まっていたが、急きょキャンセルが出たため、どうですかというものだった。

それまで私は都内では、中央区、港区、新宿区、豊島区、杉並区、中野区と〝わが庭〟を増やしていったが、世田谷区には所有していなかった。聞けば三軒茶屋にも近く、立地的に申し分ない。オーナーとしては垂涎の物件だった。こんな立地でこんな物件が出るのだと、心が躍った。

この当時、キャンセルが出た場合には、先着順で受け付けしており、先に申し込めば買えるという仕組みだった。

先着順ということは、ほかに購入希望者がいて先に申し込まれたら、「残念でした」と言われることになるため、ともかく新宿へ急いだ。私の頭の中はそのワンルームのことがグルグル回っていた。私より先に購入希望者が現れないでくれと、ドキドキしながら駅を降り、ほどなく到着して『椿さん』を呼んだ。そして私が一番札だと聞かされた。

これが現地を見ないで購入した唯一のワンルーム。現地を見ないで購入することは私のセオリーに反する。でも欲しいところの欲しい物件は何が何でも手に入れたい。そして得られた物件は、規模は小さいながらも将来への期待感があり、欲しいものを手に入れた満足感があった。この時、タイミングと決断は重要だと実感した。

楽しかった夜の情報交換

こうして着々とワンルーム経営を進める中で、『椿さん』とは頻繁に情報交換を行った。「情報交換」と言ってもほぼ毎月のように開催される「ワンルームマンション投資セミナー」の後に中野で一杯飲みながらの気さくなものだ。

『椿さん』が住まう中野周辺は『椿さん』の庭のようなもの。当然、行きつけの店の常連になっていた。

店の開店記念日や、なにかにかこつけて楽しく飲み、カラオケで歌った。『椿さん』

の十八番は加山雄三と軍歌だ。今のご時勢で軍歌は流行らないだろうが、ワンルームで成功させるには〝集中〟が必要という『椿さん』の考え方と熱唱する軍歌がオーバーラップしていた。

夜の情報交換の場には、いろいろなオーナーが顔を出し、互いに夢を語り合った。それはそれは楽しく充実したひと時だった。なんせ、日々のサラリーマン生活の中では、殺伐とした現実の辛さや組織の愚痴ばかりで、夢を語りあうことなんてなくなっていたからだ。

しかし、夜の中野はそれとは全く違うも

▲夜の情報交換会。椿さん熱唱。楽しく充実していた。(2013年1月)

ので、このひとときがサラリーマン生活の辛さを忘れさせてくれた。そんな輪の中心にはいつも『椿さん』がいた。

■低金利、しかも固定！が魅力の日本政策金融公庫

日本政策金融公庫、旧名称は国民金融公庫。サラリーマンにはあまり縁がないが、政府系金融機関で主に中小、零細企業向けの事業資金の融資を行っている。それとともに不動産投資の資金も融資している。以前、アパートローンについて活用できることを聞いたことがあったので、ワンルームでも利用できないかと窓口を訪ねた。

答えは不動産の担保さえあれば問題ないとのことだった。

何より固定の低金利が魅力だ。

金利が固定ということは、金利上昇リスクがないわけで、利用しない手はない。しかしその手続は、結構ハードだった。事業計画を立て、今後の収支の見込みを明確にしたうえで担当者の面談を受け、融資実行の可否が決まるという。

また、担保にできるのはすでに所有している不動産だけで、新規購入物件は対象外というのが条件となる。

それまで使ってきたノンバンクの提携ローンは、住所と名前と属性などを申込書に記載し、あとは購入する物件を担保にするだけだったことを思うと、その敷居の高さに驚かされた。

ワンルーム賃貸経営の安定性を強調して、事業計画を作り上げた。手間はかかったが、賃貸経営を事業として考えていくうえで頭の整理になった。こうして無事面談をクリアし、ほどなく融資実行となった。「やった!」と心の中で叫んだ。

公庫で融資を受けられたことを『椿さん』に話したところ、すごく興味を持たれたので、手続き方法の詳細を伝えた。その後、時間がたってから、会社でも公庫のローンを積極的に扱い始めたと聞き驚いた。

私のように一見さんの申し込みではなく、間に不動産会社が入ることで、公庫であっても簡単な手続きで済み、あの緊張した面談はないというから驚きだ。オーナーにとって敷居の高い部分を簡単にできるようにし、固定の低金利を実現させた『椿さん』の行動力には驚かされた。

家族を連れてワンルームへ

『椿さん』からオーナーの声を書いてくれないかと頼まれた。日本財託のホームペ

閑話休題
ちょっと余談

公庫の融資期間の基本は10年間と短いこと。また政府系金融機関だけに、国の政策で不動産融資を制限するトレンドのときは、実行条件が厳しくなることもある。このようにタイミングによっては使い勝手の悪い時もあるが、知っていればワンルーム投資にも有益な金融機関だ。また、女性と55歳以上のシニア層には金利の優遇もある。

ージに掲載するためだという。どうせ書くなら毎月のように買い増していった時のワクワクした感動を人に伝えたいと思い、快諾した。

私自身、ワンルームを始めた頃は他のオーナーの投資スタイルを研究するため頻繁にこのサイトを見ていたが、今回の話があって久しぶりにサイトを見た。すると今でもその時のレポートが残っていることを知って驚くとともに、その当時の感動を思い出し懐かしくなった。

参照先のURL：http://www.nihonzaitaku.co.jp/report/

当然のことだが、オーナーであっても、居住者がいる限りワンルームの室内に入ることはできない。

入れるのは居住者が退去したタイミングくらいだ。たまたまそれにぶつかった時があって、この時とばかり家族を連れてあるワンルームへ行った。

新しい物件を購入する時は「会社の帰りに一つ買い物して帰る」と言ってスーパー

に買い物に行くような感覚で家を出たものだが、この頃ワンルーム経営については私一人でほぼ全てを決めて進めていたこともあり、家族には一度見せておかなければと思っていたからだ。

▲入居者募集中の物件（室内）に子供を連れて初めて踏み入れる。2009年頃

生まれてからずっと戸建て住まいの息子たちにとってはセキュリティのかかったオートドアを通り、エレベータに乗って部屋に上がることが新鮮だったようで、小学生だった次男ははしゃいでいた。その次男も今年で大学生になる。ワンルーム経営を始めて10年、月日が経つのは早いものだと実感させられる。

ワンルーム経営の課題とその克服

ワンルーム経営を行う以上、課題やトラブルは避けて通れない。そんなとき信頼できる賃貸管理会社があれば協力しながら乗り切れる。ましてサラリーマンなど本業が別にあったらなおさらだ。これまでのワンルーム経営を振り返ると、実にいろいろなできごとがあった。

賃料収入を得るうえで、空室が出ることは一大事だ。それも春の異動シーズンが終わった直後に退去の申し出があった時には、「もっと早く言ってくれれば…」と内心複雑な思いがあった。

ある時、思い切って「フリーレント」を提案したことがある。

フリーレントとは文字どおり、賃料を一定期間無料にすること。1カ月のフリーレントにすれば1カ月間の賃料が入らなくなるが、それは考え方次第。空室が埋まらないままズルズルと経過するよりは、物件を選んでいる人に思い切って無料のインセンティブを感じていただければ、部屋を決めてもらえる有効な手段になる。投資用不動産の価値は賃料収入によっても左右されるため、安易な賃料値下げではなく、賃料を維持したまま客付けできる効果もある。

トラブルと言えばその一つに「夜逃げ」があった。「夜逃げ」という言葉は知っていても、まさか自分の身に起きるとは想像していなかった。

管理サービスの担当からメールでこの事実を知り、一瞬どうなるのかと思ったが、「夜逃げ」とわかれば後は保証会社が手続きしてくれ、オーナーにはなんの負担も持ち出しもないという。

問題は「夜逃げ」に該当するか否かということ。そこがはっきりしないと勝手に室内の荷物が処分できないのだそうだ。この時は中国人の居住者だったが、鍵を室内に残して帰国したことがわかり、「夜逃げ」であると認定され、全ての手続きはほどなく完了した。

この事件で社会の一端を垣間見た思いがした。後日『椿さん』に事件を報告し、ワンルーム経営において保証会社を入れることの安心さを改めて実感した。

マンション管理を学ぶ

マンションの戸数が増えるにつれ、管理組合の総会に出る機会が増えていった。区分所有法で管理組合は少なくとも年1回集会（総会）を開かなければならないのだが、11戸もあればほとんど毎月どこかで総会があることになる。

総会に出席すると、必ず議題になるのが役員のこと。役員には理事と監事があって、多くの管理組合では区分所有者から選ばれた役員による管理組合運営が行われている。

管理組合という組織を知らない頃、総会とはオーナーである区分所有者が皆揃って出席すると思っていたが、そうではないことが次第にわかってきた。

自分が居住のマンションならまだしも、賃貸で遠方にあるマンションの理事会に出席するオーナーは限られる。そんなところへわざわざ出席するものだから、私に役員のお鉢が回ってくるのも自然の成り行きかもしれない。

私としては自分のマンションの価値は他人任せではなく、自分で守るものと考え、できる限り関わるようにした。

役員になった経験がある方はおわかりのとおり、総会や理事会に出ていると、管理実務をいろいろ体験でき、とてもよい勉強の場となる。

こうして自分のマンションの管理組合で活動しながら、マンション管理士の勉強を進めていった。マンション管理士は法律から管理運営、技術的な専門知識まで範囲が広く、簡単に取れそうで、なかなか取りづらい資格と言われている。

私がこれを目指したのは後述する〝悪徳管理者〟に負けないためであった。どういうことかというと、ある組合では総会への出席者が少なく、ほとんどが委任状で運営されていた。その結果、総会当日に委任状が多数集まっていると、議長である〝悪徳管理者〟が都合のいいように何とでもできてしまうのだ。たとえ私が総会議場で無駄な支出を指摘しても、議長を務める〝悪徳管理者〟は委任状で間違いなく決議できることから、うるさい一人の組合員のことなど聞いていられないとして、私の意見は一蹴された。このことが悔しくて、「専門知識で見返してやるぞ！」との思いが、マンション管理士資格取得への原動力となった。

この時点では後にマンション管理士として独立して生業にするとは夢にも思っていなかったが、今となっては自分の管理組合での活動を通して貴重な経験をさせてもらったとつくづく思う。

マンション管理士の合格を『椿さん』に報告した。当時、不動産会社にはマンション管理士がいなかったこともあり、我がことのように喜んでくれたのがとてもうれしかった。

〝悪徳管理会社〟に立ち向かう

ほとんどの管理組合に理事会があると前述したが、私が所有するワンルームの一つに理事会がないところがあった。それは管理会社が「管理者」として管理している物件だからだ。

「管理者」とは聞きなれない方もいるだろうが、投資用物件やリゾートマンションでは「管理者」に管理を任せて管理組合を運営することは珍しくない。問題はその管理者が、オーナーの信頼に応え、しっかり務めてくれるかどうかだ。

ある日、管理組合の管理者から臨時総会の議案書が届いた。管理者が保有するトランクルームやセレモニーホールなどの区画を管理組合に売却するという主旨の議案であった。これには訳があって、その管理者が引き継ぐ前の管理者（旧デベロッパー）が所有する地下トランクルームなどがあったからだ。

バブルが弾けてデベロッパーが倒産し、その後を引き継いだ管理者が、全く収益を生まないこれら遊休資産の処分のために、管理組合への売却議案を上げてきたのだ。

管理者側の論理はわからないでもないが、管理組合にとってはたまらない。購入する資金は、オーナーたちが積み立てたお金だからだ。ましてやトランクルームなどは地下にあり、居住者以外が使用する機会はほとんど見込めず、実質価値はゼロだ。もちろん管理組合が不動産を購入することは総会決議で法人化すれば可能だ。

購入するための原資は虎の子の修繕積立金しかない。これを管理組合に「買わせる」とは管理者の身勝手に過ぎないと考えた。

何とか臨時総会でこのような邪（よこしま）な議案は潰さなければと思うが、自分一人ではどうにもならない。そんな状況を『椿さん』に相談し、同じマンションを購入したオーナーで私の考えに賛同してくれる方を紹介してもらい、呼びかけることにした。

先行きが真っ暗な中で『椿さん』の協力がどんなに心強かったか、今でも忘れられない。

かくして『椿さん』の連絡を受けたオーナー六人と連絡を取ることができ、二つ返事で私の考えに賛同してもらうことができた。それから私を含め「七人の侍」で悪徳管理者と闘うことになった。

まずは区画買い取りの議案（特別決議）をストップさせるためにはオーナーの４分

の1以上の反対が必要となる。しかし集まった七人ではあと六人足りない。

相手の管理者は個人情報保護法を楯に区分所有者の連絡先を教えてくれない。こうした緊迫した状況の中で、あらゆる手段を使って連絡先を探した。

登記簿を見ればオーナーの住所はわかるが、この危うい状況を伝えるには直接、声で語りかけるしかないと判断し、必死に連絡先情報を集めたが、今どき電話帳に掲載する奇特なオーナーはほとんどおらず、電話番号を調べることは困難を極めた。

掲示版に掲げられたリフォーム会社を通じて連絡を取ったり、インターネット情報から収集するなどできる限りの手を尽くした。それでも限界があったため、登記簿に掲載された東京近郊のオーナーの住所地を雨の中、訪ね歩いた。

ちょうど、東日本大震災で放射能の雨が降ると言われた3月のまだ寒い時期だった。足で自宅を訪問すると、玄関先で初めは訝っていた方も、次第に管理者の横暴を理解してくれ、議案への反対と私たちオーナーの意見に賛成する委任状をもらうことができた。

こうした経緯を経て臨時総会での無謀な提案を退けることができた。その後も管理者の息のかかった管理会社との管理委託契約更新の否決、さらには管理者名が記載される管理規約の改正と続いた。

区分所有法と規約では5分の1以上の区分所有者の賛成があれば臨時総会が認められることから、そこから始めたが、特に管理者を解任するための規約改正には特別決議（区分所有者と議決権の4分の3以上の賛成が必要）で、それまでにも増して票取りの動きを強めなければならなかった。そこで仲間のオーナーたちと協力し、連絡を取り合いながら、賛同するオーナーを増やしていったが、最後にどうしても連絡が取れない一人がいた。

インターネット検索を駆使するとともに、これまでの総会での資料等様々な情報を集めた結果、この方がある病院の医師であることを突き止めた。すかさず病院に電話したが、プライベートな電話の取次ぎはできないとあっさり断られてしまった。私用であることは間違いないが…。

しかし、管理者を変えるための特別決議のハードルは高く、どうしてもこの一票を諦めきれず、最後の手段として、総会前日の土曜日午前の診察の最後に病院を訪ねた。この先生に管理者の危機的状況とそれまでの経緯をお話しすると「よく探しましたね」と半分呆れながらも笑顔で委任状を書いてくれた。

こうして4回の総会を経て、〝悪徳管理者〟を放逐し新体制を作った。竣工以来オーナーに不利益な事項が記載されていた管理規約は、区分所有者の利益を確保できるよう全面的に見直しをした。この時、かつてアメリカ合衆国の独立を勝ち取ったトーマス・ジェファーソンが独立宣言を草稿している姿と規約改正案を練る自分の気分を重ね合わせていた。

この一連の事件は私がまだサラリーマン時代のことであり、本業の傍らでたいへんな闘いだったが、後にマンション管理士として活動するうえでの貴重な体験となった。『椿さん』に結果を報告すると、自分のことのように喜んでくれた。我ながら、何も情報がない中からよくここまでできたと実感した。しかし、これは決して一人ではできなかったことだ。『椿さん』が紹介してくれて「七人の侍」が集まったからこそ実現できたと、1年間に及ぶ〝悪徳管理者〟との闘いの結果の勝利をかみしめた。

給料以外のサイフを持つありがたさ

『椿さん』の推奨する投資スタイルは、オーナーそれぞれの収入や考え方に合わせた投資をすること。現金を貯めてから購入するのではなく、ローンの複利効果を利用し、効率よく家賃収入を得て、マメに繰り上げ返済することだった。私もこの考え方に倣い、ワンルーム投資を始めた頃は、家賃収入を普段使いの口座とは別の口座にプールしていた。

サラリーマンには給料という経済的基盤があり、家賃収入を使う必要がないから、勤めている限りその収入に手をつける必要はない。少なくとも定年までは安泰だ。その口座にチャリンチャリンと毎月家賃が入ってくるたびに繰り上げ返済ができる日のことを思い描いていた。

しかし、ある日事件が起きた。会社の人事制度の改定が発表され、これまでの給料が保証されなくなった。これは私のいた会社だけでなく、年功序列体系が崩れた今日では、どこの会社でも起こり得ることである。

この頃、我が家では子供の教育費が家計に重くのしかかっていた。当時、子供は高校生と小学生であったが、公立中学では高校受験に追われることになると考え、長男には私立の中高一貫校に行かせたことから、学期ごとの授業料に加え、寄付金、英国への短期留学費用、オーストラリアへの修学旅行と、これでもかこれでもかと出費が続いていた。次男は私立中学の受験はせず、地元の公立中学校に行ったものの、可能性を追いかけて進学塾や補習塾に通わせるなど結構やり繰りがたいへんな時だった。

そんな状況に追い打ちをかけるように人事制度改定があった。普通のサラリーマンが破たんするという話は聞いていたが、まさか自分が厳しい現実に直面することになるとは…。

教育費の重圧に押し潰されそうになり、いろいろ悩んだが、毎月の家賃収入があることを思い出した。「そうか、これしかない！」と、これまで貯めてきた家賃収入を取り崩すことを決断した。決断というと大げさだが、家賃収入は「繰り上げ返済」のため使わないと決めていただけに、私にとっては一大決心であった。しかしその時はそれ以外に道はなかった。

ただ、考えてみれば、我が家には家計を補うサイフがあったこと、これは幸いであり、もしこれがなかったらどうしていたのだろうとつくづく思う。この時、『椿さん』には教えどおり「繰り上げ返済できなくなってゴメンなさい」と心の中で呟きながら、「家賃収入の道を授けてくれてありがとう！」と感謝した。

『椿さん』とはこんな人

「♪二人を～夕闇が～つつむ～この窓辺に～」で始まる加山雄三の曲をアカペラで歌いながら毎回セミナーに登場し、場を和ませてきたのが『椿さん』だ。本名は田島浩作という。栃木県足利市出身。かつて東宝映画で黒澤明監督、三船敏郎が主演した

『椿三十郎』という大ヒット作があった。田島さんはなぜか本名ではなくキープしたボトルにも『椿三十郎』と書いていたことから、私たち一部のオーナーは彼のことを『椿さん』と呼んでいる。

そして『椿さん』がセミナーで提唱するレバレッジの黄金律を実践するオーナーも多い。実際、オーナーを引きつける魅力を彼は持ち合わせていた。「資産家にする」という言葉に象徴されるように、私たちオーナーの心をつかんできた。そして信頼関係が生まれ、『椿さん』に資産家への夢を託すようになっていったのだ。

『椿さん』の顧客情報は頭の中に蓄積され、どの物件をいつ購入し、管理費はいくらでローンの完済はいつだとか、オーナーである自分が忘れていることまでよく覚えていてくれる。有名ホテルのベルボーイや銀座のママはお客さまのことを覚えているというが、『椿さん』はまさにワンルーム業界のそれだ。

オーナー側からすれば、自分のことをそこまで知っていてくれ、親身に相談に乗ってくれるから、いっそう信頼が高まり、次も『椿さん』にお願いしようという気になる。その人柄はワンルームを売るために生まれてきたと言っても過言ではないだろう。『椿さん』を信頼するオーナーが、彼の周りに集まり、その輪はオーナーの友人知人や関係者にも拡がっていた。

また不動産会社の社内で部下が営業目標を達成できず、苦しんでいるときに『椿さん』は優しく手を差し延べていた。だから部下からの信頼も厚く、毎月営業実績を上げ、カリスマ営業部長になるべくしてなったのだと思う。オーナーの信頼はもちろんだが、部下からもずいぶん慕われていた。『椿さん』と飲む場面に、幾度も部下のスタッフが席を並べ一緒になることもあり、社内での人となりが窺えた。

不動産を取引する場合には宅建業法で重要事項の説明が義務づけられている。この説明は宅地建物取引士（旧宅地建物取引主任者）が行わなければならない。そのため不動産会社では社員に宅地建物取引士の資格が求められており、『椿さん』も例外ではなかった。そんな『椿さん』もこの資格を取得するために受験勉強していた。何回受験されたか忘れたが、毎回わずかの点差で合格できず、苦戦されていることも知っていた。

私もサラリーマン時代、業種は不動産業ではないものの自己啓発の一つとしてこの資格を取得したことがあるが、宅建業法や民法などの科目があって合格率は15％程度と、しっかり勉強しないと手ごわい資格だ。また教科書の原則と実務とが異なる点もあり、実務畑の方には悩み多き資格と聞いていた。

そんなこともあって『椿さん』には飲みながら、いくつかポイントポイントのアドバイスしたことを覚えている。このアドバイスが効いたかどうかは知らないが、何度目かの受験で見事合格！　この時は『椿さん』とオーナー仲間で乾杯し、喜びの美酒を思いっきり楽しんだ。

不動産投資のリスク

不労収入を得られるワンルーム経営だが、不動産投資にはリスクがあることを忘れてはならない。予定されていた部屋が長期間埋まらない空室リスク／入るはずの家賃が入ってこない滞納リスク／変動金利で借りたローンが金利上昇により払えなくなる金利リスク／大地震で被災し賃貸できなくなる地震リスクなど、これらの解決策も『椿さん』から伝授された。今では自分なりの答えをもって実践しているが、その当時は『椿さん』の受け売りで、実際に相談することも多かった。

私にとって、なんでも相談できる存在は大きく、『椿さん』がいなくなるリスクをオーナー仲間で真剣に考えたこともある。当時の『椿さん』はともかくよく飲んだ。営業部長という仕事柄、役職柄もあってワンルームを購入するオーナーとの飲み会がほとんど毎日続いていた。

『椿さん』自身、お酒は大好きで、飲み会に明け暮れていた。そんな光景を近くで見ていると、「『椿さん』大丈夫？」と声をかけたくなるし、実際に何度もほどほどにすれば、と諌めた。それでも止めない（止められない）生活が続き、『椿さん』の健康に不安を感じたことが思い出される。（笑）

■二足の草鞋（わらじ）を定年まで続けるつもりだったが…

２０１２年10月に会社で人事異動があった。それまで「お客様相談室」という部署で、お客様と接する中でいかにお客様の役に立てるか、いかに消費者問題を未然に防止できるかと、やりがいがあった。自分でも得意分野であり、自らの存在を示せる部

閑話休題 ちょっと余談

当時のリスクに加え、今であれば「詐欺リスク」にも気をつける必要がある。『かぼちゃの馬車』事件に象徴されるようなおいしい話には裏があることを、これから投資する場合は気をつける必要があるだろう。確実な高利回りなど存在しないというあたりまえのことだが、今の世知辛いご時勢、自分一人で判断せず、信頼できる人に相談することが重要だ。

署でもあった。

それが管理部門へと異動することになった。この時53歳。サラリーマンである以上、異動には慣れていたつもりだが、この時は結構動揺した。一つには通勤時間が従来の倍以上になったこと。もう一つはその部署のミッションが完全に管理の部署で、社員が起こしたミスの再発防止の名のもとに追及する仕事だったからだ。

組織の中では部署に優劣はないと思いながらも、サラリーマンとしての自分の存在意義も絡み、なかなか割り切れずにいた。そんな中で、以前から気になっていた「サラリーマン卒業」の意識が急速に高まっていった。

この異動までは、今までどおり二足の草鞋（わらじ）を定年まで続けてもいいかな、という思いもあったが、今回の異動で背中を押された。そんな状況を『椿さん』に話すことになった。この時点では、自分でも、独立して本当にうまくいくのか、半信半疑の状態であった。

「何とかなるかな?」と思いながらも自らの意思で退職の道を選択する不安は大きく、迷いもあった。その時、『椿さん』から四柱推命の助言があった。『椿さん』のお得意の四柱推命によれば、私は戌年9月生まれの「甲の人」(大樹の意味)で、暦で春になる48歳からが「葉をつけて勢いが増す時期にあたる」という。これから後の人生が本番だともいう。「へぇー、そうなの」と聞き入った。

四柱推命は占いとは違い、中国4千年の長い歴史の中で得られた経験則であり、それゆえに「当たるも八卦」の占いとは違うという。

私自身、これまでの人生で占いも四柱推命も信じることがなかった。それまで、私にとって占いを信じることは、自らの意思をなくすことであり、消極的な生き方になるものとばかり思っていて、信じることはなかったが、この時ばかりは、藁をもすがる思いで、『椿さん』の説明に聞き入った。いま思えば、この時の『椿さん』のひと声が私にとって大きなひと押しになったことは間違いない。

退職前にサラリーマンの特権を活用

退職を決意すると、後は意外にサバサバと行動できた。それまでの組織に全く未練はなく、ひたすら卒業に向けての準備を整えるばかりだった。

最後の仕上げはサラリーマンの特権である住宅ローンを借りて、1件のマンションを購入することだった。築古の木造住宅に一人住まいの母をそのままにしておけないという家庭の事情もあり、この計画を進めた。

サラリーマンの特権は、ローンの審査が通りやすいこと。逆に退職して自営になると、一転ローンを借りにくくなることはクレジットカード会社勤務時代に染みついていた。

そんなわけで、何が何でも在職中にローンを借りて購入する必要があったのだ。そのため退職の申し出をするタイミングとローン保証会社から在籍確認の電話が勤務先に入るタイミングを、間違えないようにと気を使った。年収の保証されたサラリーマンと、不安定な自営業者の違いは明白で、与信する側にすれば退職寸前のサラリーマンに融資するのはリスキーだ。これもカード会社にいた経験から得られたものだ。

退職を申し出した後の２カ月はたいへんな日々だった。それまでサラリーマン時代に終わりはなかった。急な人事異動があるのも、それはそれでどうしようもないことだ。これに対して、今回の卒業は自ら決めた日程であり、その日までにすべてを片付けなければならないというプレッシャーが重くのしかかった。

サラリーマン卒業後の生活

退職の日を迎え、生活は一変した。

それまで毎朝、朝食を早々に済ませ、駅に走り、間一髪で電車に飛び乗っていた生活が、連続テレビ小説を見ながらゆっくり朝食をとれるようになった。在宅の日は昼食後、ソファーで昼寝もできるなどゆったりしたものとなり、退職直後のしばらくの間は、思い切り解放感に浸ったものだ。

サラリーマン時代のストレスに満ちた生活とは究極の生活のおかげで、壊れかけていた心も大いに癒された。

もちろんゴロゴロするだけではなかった。サラリーマン時代にできなかったことができるようになった。例えば平日のゴルフ。長男の留学先アメリカへの渡航、それも時間があるからこそできるアムトラック鉄道での大陸横断。中国（上海）への海外旅行。10数年ぶりのホノルル里帰り旅行。裁判の傍聴。疑問点の調査やレポートなど自分のスケジュールに合わせてそれまでできなかったアクティブな行動ができることが楽しかった。もっとも、平日の夜や週末はそれまでと逆に、理事会出席などの仕事で時間が取れなくなったりはしたが…。

そもそも『椿さん』と出会い、ワンルームの世界を知らなければ、この世界に足を踏み入れることはなかっただろう。退職後の本業「マンション管理士」は管理組合の側に立って、管理組合にアドバイスし、支援するのが主な役割だが、とは言え駆け出しのマンション管理士が、その分野で生計を立てていくことは易しいものではなかった。しかし、窮屈なサラリーマン生活から解放され、自分の好きなフィールドで、しかも管理組合の役員から感謝されながらできる仕事はやりがいがあり、この仕事に誇りを持つようになった。

ひょんな縁から初めての出版へ

サラリーマン卒業後、11戸のワンルーム賃貸経営が経済的な基盤となり、そのうえでマンション管理士としての活動が生業という二本立てになった。当初は自分の所有するワンルームから始まった管理に関する活動は、次第に自分以外のマンションの管理組合の相談に乗ったり、管理組合の顧問として活動するようになって、経験は飛躍的に増え、管理に関するノウハウや問題の解決方法が蓄積されてきた。

そんな中、オーナー仲間でワンルームの管理をオーナー視点でまとめ、出版しようという話になった。平日の夜に集まって、それぞれの意見やノウハウを持ち寄ってまとめていった。何とか全体像が見えてきたところで、間接ながら『椿さん』に出版社を紹介してもらい、その企画を売り込みに行った。

紹介であることもあって、出版社の担当者は興味を持ってくれ、しっかり話を聞いてくれたが、結論は「管理に関する本は売れないですね」と丁重に断られ、この企画は玉砕した。マンション管理士として活動する中で、管理への関心の低さや無関心の区分所有者が多いことは知っていたため、驚くものではなかったが、やはりダメだったかと厳しい現実を目の当たりにし、そのことをオーナー仲間に報告した。

出版企画を忘れかけていたころ、出版社の担当者から電話があった。それはマンション管理ではなく、1年で8戸のワンルームを買って成功した話を出版社の企画として検討したいというものだった。そう言えば、玉砕した企画書を持って行った際に自己紹介として、自分のこれまでの生い立ちやワンルーム経営を始めたきっかけなどを話していた。

「1年で8戸」購入の話もしていたが、自分としては少し無謀なことをしたという思いがあったことから、控えめに話したつもりであったが、逆にその辺りに興味を持たれたようだ。たしかにこの頃、書店の不動産投資コーナーには「年収1億円を生む不動産投資術」とか「3年で資産3億円！　月の収入300万円!!」などセンセーショナルなタイトルが目立っていた。でもそんな特別の世界ではなく、ごく普通のサラリーマンを対象にした本は少なかったように思う。

こうして生まれた『49歳の窓際サラリーマンだった私が会社を辞めて家賃収入だけでラクラク生活を実現した話』（長いので以下「49歳」本と略す）である。このころ落ちこぼれ女子高生が偏差値を40上げて慶應義塾大学に現役合格した「ビリギャル」がめちゃくちゃ流行っていて、それにあやかってこんな長いタイトルになった。

タイトルついでにもう一つ。この「窓際サラリーマン」というタイトルには、どうしても抵抗があった。自分が「窓際」であったとしても、自らを「窓際」と素直に認められる人は多くないだろうが、自分もその通りであった。出版のことを『椿さん』

に報告したら、とても喜んでくれた。そして『『エリートサラリーマン』だったら面白くないしね」と言われ、それはその通りだと頷き、ありのままの「窓際」を受け入れることができた。こんなエピソードを経て、今ではこの長いタイトルのことを自分でも気に入っている。

閑話休題
ちょっと余談

「49歳」本は残念ながら、今では書店ではほとんど見られなくなった。出版業界は不況だと言われながら、毎日数百種類の新刊本が発行される中で、よほどのベストセラーでないと残らないという。でもAMAZONなら今も買えるそうで…。（コマーシャルくさくなって失礼！）

出版で広がる世界

出版は初めてのことだったが、これにより世界が大きく拡がった。まず、インターネットで自分の名前が拡散した。

それまでも細々とホームページを立ち上げていたものの、閲覧回数はさほど多いわけではなかったが、出版ルートでの販売に乗ったことで、書籍通販系サイトをはじめ、書評サイトやその他情報関連のサイトまで一気に拡大した。

それまでマンション管理士としてのホームページを立ち上げていたが、出版された後、一時は「49歳」本関係の方が本業のマンション管理士業としての紹介よりも上に並ぶこともあった。

アマゾンの雑誌・書籍通販では、分野ごとに1時間単位で売れ行き数字をランキングしていることをご存知の方もいるかもしれないが、「不動産投資」分野で、瞬間的に売上げナンバー1ということもあった。あくまでも瞬間だったが、その威力を実感した。その他楽天ランキングの「不動産・住宅ローン」部門でも6月25日と28日にトップになるなど、個人的には大きなインパクトが続き、ネット通販サイトを日々追いかけていた（いま思うとその当時はそんなヒマがあったなと笑えるが…）。また出版に留まらず、そこから派生して雑誌やテレビなどマスメディアからも照会が来るようになって、出版の強さを実感した。

▲書店で平積みされた自分の本が売られている感動から書店巡り。

「49歳」本の中でも『椿さん』との出会いを紹介した。それは不動産物件にたどり着くまでには信頼できる不動産（仲介）会社が不可欠だからだ。

残念ながら、この業界の中には「売る」ことばかりに取りつかれ、オーナーのことを考えない業者がいることは周知の事実である。こうした「眉つば」の業界の中で、私にとっては『椿さん』の存在が特異に映った。それは本稿の冒頭でお伝え

閑話休題

ちょっと余談

自分の本が書店に並ぶというのは不思議なものだ。ちょうどこのころ、管理組合の用件で行動範囲も広がり、管理組合に行く機会が増えたこともあり、駅に降りたついでに近くの書店に行っては「49歳」本が並んでいるのを見て回った。書棚に並ぶのか平積みなのか、何冊残っているとか。つまらないと言えば、つまらない自己満足の世界だが、それがまた面白く、書店ごとの販売状況レポートとしてまとめたものを出版社の担当に見せたところ、参考になるとたいそう驚かれた。発売当初は多くの書店で新刊本として平積みされていた。平積みでも時々乱雑に置かれているときは、丁寧に揃えて帰ってきた。「49歳」本はまるで我が子のような感じたことを思いだす。

したように、『椿さん』はマンションを売るのではなく、「お客様を資産家にする」という独特の哲学を持っていたからだ。「ワンルームを地道に積み上げていくだけで資産家になれる」という考え方に共感したからこそ、本の中でも紹介させてもらった。

時に「営業マンを紹介してほしい」との依頼も

本を出したことで、読者からも様々な相談や連絡が入った。その多くは40代後半から50代の同世代で、中には同じ「49歳」という人も。この年代にサラリーマンの卒業を意識する方々が多いことは自然なことだろう。

こうした相談の中で、ワンルーム投資に関心がある方々にとっては、どうしたら信頼できる不動産会社に辿りつけるかが気になるところで、中には『椿さん』のことを名指しで紹介してほしいという人もあった。

そんな行きがかりから実際に『椿さん』を紹介することもあったが、ここでも印象深いエピソードがある。それは「売らない営業マン」ということだ。

「売らない営業」なんてありえないと思われるが、『椿さん』は違っていた。『椿さん』はまず購入希望者の年齢、家族構成、属性、収入など基本的なことから把握し、その希望者がどのような考え方をもってワンルーム経営をとらえているかなどを踏まえたうえで、その人に最も適した物件を紹介するスタイルだった。

ここまで考える営業マンは他の不動産仲介会社にもいるかもしれないが、『椿さん』が違うのは、人によっては「売らない」ことがあったからだ。

「売らない」とは嫌がらせではない。その人のことを親身に考え、今の状況では無理してローンを組むことは止めるべきだ、家族の反対がある今は控えるべきだと、買う気満々の方を諫める場面が何度もあった。営業の責任者として高い目標を持ちながらも、自分の目標達成のためではなく、出会った一人一人のことを親身に考えてくれていた。こんな営業マンは他にいるだろうか。

人を幸せにできる幸せ

読者からメールが入ると、新しい友人ができるような感じで、ワクワクする。その素朴な疑問に答えたり、中には実際にお会いしてワンルーム経営を語ったり、はたまた彷徨える中高年サラリーマンの悩み相談にのる機会もあった。ミニセミナーを開いて、私のワンルーム経営のポイントやノウハウを伝授することもあった。

本やセミナーで伝えたかったこと、それは単なるワンルーム経営のノウハウではない。ワンルームという手段を通して、彷徨える40~50代のサラリーマンが自由の世界へ羽ばたく一助にしてもらいたいとの思いがあったからだ。

現実のサラリーマン世界に悶々としながらも、なかなか一歩を踏み出せない、その背中を押すことができれば、と思って原稿を書いたしセミナーでもお話しした。もともとは自分のために始めたワンルーム経営だが、それが自分だけでなく、他の中高年サラリーマンの考え方や行動に役立てることに喜びや充実を感じるようになった。

私がミニセミナーを開催したり、「49歳」本の話をするようになって、ワンルームの世界に入った新たなオーナーから程度の違いはあれ、感謝されることが何度もあった。その時、「飯田さんはもっと物件を増やさないのですか?」と聞かれることが何回もあった。

現在11戸を所有し、今の不動産手取り収入が約28万円余り。公庫の完済が終わる今年末には42万円、そして全てのローンが完済する時には75万円の手取り収入になる。これはあくまで不動産収入の「手取り」であり、この他にマンション管理士としての収入や年金も加わってくる。お金はあって悪いものではないが、そこそこあれば十分ではないかと思っている。

豊かな老後の生活を夢見て始めた道だ。リスクを抱え、カネ、カネ、カネとあくせくしなくても、楽しい生活はできるはずだ。老後の生活を楽しく過ごせる経済的基盤を無理せずに作れればよいと考える、これが私の出口戦略である。ちょっと横道にそれたが、本題に戻そう。

自分の資産が形成できたら、次は、まだ資産形成できていないサラリーマン、それも中高年で老後に不安を抱きながら、今の生活に汲々とする方々を「資産家」にすること。将来に不安がなくなると人は変わる。このことは自分で経験済みだ。こうして人を幸せにできることは、なんてすばらしいことだろう。そう考えていた時、かつて『椿さん』が自分のためではなく、資産家にする手段として私たちにワンルームを勧めていた意味が初めてわかった。「人を幸せにできる幸せ」をこのとき実感した。

専門知識での恩返し

サラリーマン卒業後、初めはワンルームからの賃貸収入が私の経済的基盤であったが、徐々に本業のマンション管理士としての活動も軌道に乗ってきた。マンション管理士は実務経験がものを言う。国家試験ではあるが、試験に合格しただけではとても役には立てない。経験を積むことで、管理に関することであれば、建物・設備の維持から法律面、管理組合内でのトラブルの解決法まで一通り、診断ができるようになった。そのうえで、必要であれば弁護士や専門の一級建築士を紹介するなどのアドバイスまでできるようになった。

今でも『椿さん』から時々連絡が来る。トラブルに巻き込まれているオーナーがいるが、どうしたらよいか、建物管理会社のことで管理組合が紛糾しているなど。こんな時は、そのオーナーと連絡を取り、最善の対応策を一緒に考えるようにお手伝いした場面が何度もあった。

また管理者から臨時総会の議案を受け取ったオーナーが、その議案が「理事会の廃止」や「不正経理問題」など、管理組合やオーナーにとって深刻な影響を及ぼす場合には事実関係の把握と解決策を探るため、オーナーとともに総会へ同席することもあった。結構やっかいな案件もあったりするが、これまで、お世話になった『椿さん』への恩返しの気分であり、困ったオーナーを助けられることとの充実感もあって厭うことはなかった。

２０１５年からはオーナー事務局との顧問契約ができ、オーナーからの悩みごとにマンション管理士として相談にのるようになった。この時57歳。同時にオーナーのマンション管理に関する意識の啓発のため、管理組合セミナーを年3回、情報紙「まめ~ル」に年3回記事を掲載することになった。

管理組合セミナーには毎回、常連さんを含め、参加していただける方がいる。一度、あの多忙な『椿さん』もセミナーの席に来て聞いてくれたことがあり、うれしかった。これまで10回のセミナーを開催したが、回を重ねるごとに参加者が増えていると感じる。管理に関心を持つ

▲管理組合セミナー
2019年4月の10回目の開催に60名近くが集まった。

てくれるオーナーがいる限り、こうした啓発の機会に直面する課題解決のため、テーマを掲げて解決策をアドバイスしていきたい。

保険は不要だと思っていたが…

49歳でワンルーム投資に舵を切った時点で、保険に対するスタンスを決めていた。それは、ローンでワンルーム購入の際に団体信用生命保険をかけていれば、万一、死亡した場合でも残債が免除されるということだ。

団体信用生命保険は住宅ローンに付帯するのが普通で、この場合は居住する自宅は家族の元に残り、その後の安定した生活の基盤になるというものだ。それが投資用物件である場合には、残債がなくなることでローン返済がなくなり、賃料がそのまま遺族に残ることになる。つまり生命保険がなくても家族に収入を残せることになるわけだ。このことに気づくと、もはや従来型の定期保険は無駄以外の何物でもなく、以来きっぱりと保険を止めた。

そんな保険に関するこだわりがある中で、『椿さん』から電話があった。「新型の医療保険があって、それに付き合ってもらえないか」という相談だった。私の保険についてのこだわり（不動産投資するうえで保険は要らない！という考え方）は以前から『椿さん』も理解されていたが、営業成績があまりよくないということでお願いされてしまった。『椿さん』にここまでお願いされてしまったら、仕方ないかと保険に『お付き合い』することになった。

私は比較的健康には気をつかう方で、定期的な人間ドックと内視鏡検査は欠かさず受けていたが、保険にお付き合いしたちょうど1年後、定期的な大腸内視鏡検査を受けた。その結果、まだ小さかったもののポリープを切除することになった。現在は良性だが将来的にがん化する可能性もあると言われ、切除の提案に同意した。うとうとしている間に内視鏡で摘まんでお終いという、いたって簡単なものだが、これが日帰りの「手術」にあたるということがわかり、前年に加入した保険の保険金申請をした。全くあてにしていなかった中での保険金の臨時収入に「『椿さん』ありがとう」

閑話休題

ちょっと余談

それまで心臓も呼吸器系も特段の問題はなく、不整脈の事態は私にとっては青天の霹靂であった。幸い血管系に問題はなく、ポンプの役割をする心臓の一部で電気信号に不具合が発生し、ポンプが十分に機能しなくなり、それに伴い呼吸が苦しくなったというもの。長年の酷使を反省するとともに、マンションの給水管にあたる血管の詰まりがなかっただけましだと思うようにした。マンションでも経年とともに長期間駆使してきた設備にガタが来るのは当然だが、からだも全く一緒だ。60年という使用期間を認識するとともに、まだこれから先も使い続けていくうえで「健康第一」だと肝に銘じた。

と感謝した。

その後、年齢を重ねるごとに、体に不具合は起こるもので、59歳の時には不整脈で呼吸が十分できなくなる事態を初めて経験することになった。２度の入院とカテーテルアビレーションという手術を行い、二百数十万円也。国民健康保険で大部分がカバーされたが、それでも「入院」と「手術」それぞれ『椿さん』に付き合いで加入した医療保険から保険金を受け取ることができた。年齢とともに体は正直に衰えることを自覚するとともに、保険の効果についても改めて認識するようになった。

エンディングノートを書き始めて

不整脈で最初に入院した騒ぎの際に、発作が収まり、呼吸も楽になり、病室でゆっくりした時間を過ごすことができた。入院したおかげで一時仕事を忘れ、時間にも追われず、ふだん考えられないことも考える機会になった。

そういえば「エンディングノート」って巷間騒がれているが、自分もそろそろ考える必要があるのかな、と初めて書いてみる気になった。そんなたいそうなものでもなく、万一の際の連絡先や、セレモニーの際にしてもらいたいことなど、思いつくままに書いた。書き始めると、あれもこれもと次々に思い浮かんだが、完成する前に無事

閑話休題

ちょっと余談

『椿さん』とは最近、飲む機会がめっきり減った。私が最近ワンルームを購入することもなく、当たり前のことかもしれないが、10年前、夜の中野界隈で毎月飲んでいた頃を思うと一抹の寂しさはある。聞けば、『椿さん』は、今ではオーナーともほとんど飲まなくなったという。『椿』ファンとしては飲みの場が少なくなって残念な面はあるが、でも『椿さん』の健康を思うと、これがよいことだとつくづく思う。お互いいい年になり、健康があってのことだから…。

に退院となり、途中までしかでき上がらなかったが、自分を見つめ直すよい機会になった。

我が家では私に万一の事態が起きた場合に連絡する先として、高校時代の同級生の税理士と、もう一人『椿さん』の名前を挙げている。この二人に連絡すれば、あとは何とかなるので相談するようにと、ことあるごとにワンルーム賃貸経営に関心がない妻に言っている。そんなわけで『椿さん』には長生きしてもらわないと困るという個人的事情もあるのだ（笑）。

夢に見たローン完済の日

２０１９年1月20日。この日は私にとって記念すべき日。日本政策金融公庫からの10年ローンの完済の日だからだ。借り入れ期間が10年だとどうしても月々の返済は重くなる。健全性から言えば、長期間になり過ぎない返済は理想だが、逆に言えば毎月のキャッシュフローは悪くなるし、サラリーマン卒業後の一時期は苦しい感もあった。それがこの日をもって改善される。そう思うと感慨深いものがある。その後に届いた「完済のお知らせ」と書かれた1通のはがきは自分にとっての足跡と節目を表す宝ものものようなものだ。記念品として捨てないでおくことにした。

閑話休題

ちょっと余談

令和元年の年末までに公庫の残り２物件も完済になるが、そうなるとキャッシュフローは大幅に改善される。残りはノンバンクからの借り入れ2件のみとなるが、これは団体信用生命保険（団信）がついて、万一の場合はローン残債がゼロになるという生命保険代わりの役目も果たしているので、無理して繰り上げ返済せず、このままちびちびと返済していくつもりでいる。

◉おわりに

ふだんの仕事に追われていると、過去を振り返る余裕がなく、前を向いて走るばかりだが、今回、ワンルーム投資を始めてから賃貸経営を続けてきた10年を振り返る機会になった。こうしてこれまでを振り返ってみると、そもそもワンルーム賃貸経営の世界に踏み入れた時から今日まで、「資産家にする」と言ってくれた『椿さん』の助言に沿って進めてきて、今があることは間違いない。

私の49歳からの人生、ワンルームマンションの取得から経営、そしてマンション管理士としての活動のなかで、節目、節目で随所に登場する『椿さん』。その影響は計り知れず、私のセカンドライフのきっかけを作ってくれた人、私の人生を変えた人と言っても過言ではない。そんな感慨に浸りながらこの人の存在を改めて実感した。

『椿さん』ありがとう！

《完》

連絡先

- 株式会社 日本財託

〒160-0023
東京都新宿区西新宿1-22-2 新宿サンエービル9F・10F・13F
0120-411-047
http://www.nihonzaitaku.co.jp/

- 田島 浩作

090-9806-9205
tajima@nihonzaitaku.co.jp

■田島　浩作（たじま　こうさく）
株式会社日本財託　資産コンサルティング部エグゼクティブマネージャー。

48歳で入社するまで6年しか働いたことがない、ニートもびっくりのウルトラスーパーぐうたら人生。

現在65歳。素敵なお客さまと愉快な会社の仲間に支えられ、かろうじて社会の一員として社内に席を有する第一線の営業マン。


「丁字戦法」でめざせ10年後の経済的自由

2020年7月27日　初版発行
2021年3月25日　第2刷発行

■著　者　田島　浩作
■発行者　川口　渉
■発行所　株式会社アーク出版
〒102-0072　東京都千代田区飯田橋2-3-1
東京フジビル3F
TEL.03-5357-1511　FAX.03-5212-3900
ホームページ　http://www.ark-pub.com
■印刷・製本所　新灯印刷株式会社

ISBN978-4-86059-215-8